大学生のための
キャリア・デザイン

森田聡 ・ 下畑浩二

三恵社

まえがき

　著者2名ともに学生に教える立場になり早10年以上が経過した。10年前と比べると学生の就職を取り巻く環境が大きく変容したように思える。数年前までは買い手市場で学生にとって厳しい環境であった。それが、今日の就職市場では売り手市場となり、企業側では人手不足などの課題解決のために最近は早くからインターンシップに乗じた早期選考を行っていると聞く。確かに、時の流れによって採用活動も変化するであろう。しかし、就職市場を取り巻く環境の変化により、如何に選考が早まろうと、就職活動の本質は変わらないのではないだろうか。優秀な人材を企業は欲しがり、その企業に採用されるべく理想の社員像に合わせて学生も自らを切磋琢磨して対策を行う。インターンシップや早期選考など企業の採用選考活動がどうであろうと、この本質は昔から変わらない。学生は、適切な時期に情報を取捨選択して自らに適した企業を選び出すことができ、その企業の採用活動の時期を知ることができれば問題はないのではないか。

　本書『学生のためのキャリア・デザイン』の著者たる森田、下畑両名は、ともに多くの学生の就職活動への悩みや不安、また、同活動に伴う準備作業として彼らの歩んできた人生などを傾聴しながら、様々なアドバイスや就職準備の一助を担ってきた。森田は、経営学・会計学を中心に教えるとともに、キャリアデザインや専門ゼミでのキャリア教育に従事して2023年で12年を迎える。下畑は経営学諸科目の教育とともに、キャリア養成科目の教育に従事して今年度(2024年)で11年目以上、また、個人的にも学生の就職の相談を受けるようになってから17年目となった。

　本書の出版にあたり、両者で昨年9月に出版した『キャリアデザイン -就職を考える学生のために-』(三恵社)を基に加筆修正を行うだけではなく、構成を再考し、また、新たな章(第3章「就職の流れ」)を付け加えた。これは、学生への一層の就職活動への理解を促すため、そしてこの1年で就職環境が大きく変化したことに依拠している。また、筆者はともに2人の子どもを持つ父の立場であり、その子達の将来について案じるように、教え子たる皆さんの将来に対して今まで以上に力になりたいと考えてい

る。このため、これからも学生に支援を送りたく本書の出版を計画し、執筆した。各自の担当箇所は次のとおりである。

森田：まえがき、3章、7章、9章、10章、13章、14章
下畑：まえがき、目次、序文、1章、2章、4章、5章、6章、8章、11章、12章、
　　　おわりに、索引

本書には、著者2名がそれぞれに培った教員としての経験や教育手法などが面には直接的には著されていないが存在している。森田は、長い実務経験で得た知見を経験と合わせて生きていく術をキャリア教育に反映させている。下畑は教育者として、社会に有為な人材を育成するためにキャリア教育に力を注いでいる。

なお、この本に記述した内容はキャリアを考えてもらう上でベーシックな内容であり、それも最低限の記述である。筆者両名は、今後の出版の機会を期待し、常に時節を捉えながら、より一層充実した内容にしていきたい。

今まで小生のキャリア養成諸科目の授業を受講した学生に対して、この場を借りて感謝を伝えたい。受講した皆さんの反応を見ながら授業構成や内容を年々考えてきたが、その考えやアイデアが執筆内容の土台となっている。また、三恵社代表取締役木全俊輔様には本書出版に際し、大変お世話になった。感謝申し上げたい。

筆を置く前に、一言付け加えたい。大学教員の仕事は様々な仕事が同時並行しており、我々も例外に漏れずそうであった。そういった状況下での執筆であり、家族とともに過ごす時間が上手には取れないが、他者の人生、家族とともにいる自分の人生に対する考えを今一度顧み、深めるきっかけとなったという点から、とても有意義であったと考えたい。最後に、本書や本書を通じた教育が、皆さんの、そして自身の人生に糧となることを願いたい。

2024年9月1日

森田　聡

下畑　浩二

目　次

まえがき	i
目次	iii
序文　本書の目的	1
第1章　キャリアを計画的に築くために	5
1．キャリアを計画的に築くために	5
2．キャリアの意味を理解する	6
第2章　就職後の状況	11
1．40万人超の新規大卒就職者	11
2．新規大卒就職者の離職率	12
3．コンピューター化による職業への影響	19
第3章　就職までの流れ	25
1．就職までの流れ	25
第4章　自分を見つめ直そう	31
1．自分を顧みるために	31
2．なりたい自分(理想像)に近づくために	33
3．過去と現在の取り組み	37
4．「社会人基礎力」の再確認	39

第5章　社会との関わり　　　　　　　　　　　　　　44
　１．社会とは　　　　　　　　　　　　　　　　　44
　２．社会との関わり　　　　　　　　　　　　　　45

第6章　社会人になるための心構えⅠ － 仕事に対する姿勢 －　48
　１．仕事に対する姿勢　　　　　　　　　　　　　48

第7章　社会人になるための心構えⅡ － 組織人・社会人としての姿勢 －　52
　１．組織人・社会人としての姿勢　　　　　　　　52
　（１）就業規則と法律の遵守のケース　　　　　　53
　（２）就業規則遵守のケース　　　　　　　　　　55

第8章　就きたい職業を見つけよう　　　　　　　　58
　１．就きたい職業を見つけよう　　　　　　　　　58

第9章　志望企業の選定Ⅰ　　　　　　　　　　　　61
　１．貸借対照表の見方　　　　　　　　　　　　　61
　２．損益計算書の見方のための「利益の種類」　　63

第10章　志望企業の選定Ⅱ　　　　　　　　　　　66
　１．選定材料となる資料の概要　　　　　　　　　66
　（１）『会社四季報』　　　　　　　　　　　　　66
　（２）有価証券報告書　　　　　　　　　　　　　66
　（３）アニュアルレポート　　　　　　　　　　　67
　（４）その他　　　　　　　　　　　　　　　　　67
　２．『会社四季報』の読み方　　　　　　　　　　67

第11章　志望企業の選定Ⅲ：上場企業編　　　　　　　74
　1．東証業種別株価指数 33 業種　　　　　　　　　74
　2．志望産業・企業の選定　　　　　　　　　　　　85

第12章　キャリア・プラン表の作成　　　　　　　　89
　1．キャリア・プラン表の作成　　　　　　　　　　89

第13章　インターンシップ　　　　　　　　　　　　92
　1．インターンシップとは　　　　　　　　　　　　92
（1）汎用的能力・専門活用型インターンシップ　　　93
（2）高度専門型インターンシップ　　　　　　　　　94
　2．インターンシップ先の見つけ方　　　　　　　　95
　3．インターンシップの形態と参加への心構え　　　96
　4．企業側の意図　　　　　　　　　　　　　　　　97

第14章　留学生のキャリア・デザイン　　　　　　100
　1．留学生のキャリア・デザイン　　　　　　　　100

おわりに　　　　　　　　　　　　　　　　　　　106

索引　　　　　　　　　　　　　　　　　　　　　107

序文　本書の目的

　ライフステージが異なる「就職して社会人になる」ということをイメージすることができるだろうか。社会人になった時の社会や組織に対する責務などを問うているのではない。自分が希望する仕事に従事する、そのために特定の産業に属する企業を選んで働く、ということにイメージが湧くであろうか、ということを問うているのである。筆者はキャリア支援科目群のうち1・2年生が受講する必修の入門科目を担当して11年となるが、1・2年生の多くが「将来就きたい職業や働きたい会社はまだ考えていない」という回答をする。その一方で、高校時代に何かしらになりたかったかを聞くと具体的な職業を回答することができる学生は多い。この理由は、おそらくはその時点では計画性を持ってキャリア・デザインをしていない、だからかつて抱いていた就きたい仕事やイメージが湧かなくなったのではないか、と筆者は考える。それが的外れだとしても、少なくとも計画性を持ってキャリア・デザインをしていないということは言えよう。何故ならば、就きたい仕事に向かって、いつまでに何をすべきかという目標を定めて就職への計画を立てれば、目標に到達できるように毎日ではなくとも毎週何かしらの取り組みを行い頑張っているはずではないだろうか。計画を立てることは重要である。それは頭の中で描くものではない『頭の中では分かっている』ことでは曖昧になる。第三者に見せなくとも分かるように書くことが自分が実際に何をどのようにしたいのかの整理につながる。目標への航路を明確に記す航路図として記述した計画書、キャリア・プランの作成の必要性を問うているのである。

　このため、本書では、目標の設定(志望する産業や企業の設定)とキャリア・プラン表の作成の機会の提供を目的とする。就職活動のアクションをホップ、ステップ、ジャンプの3段階で示す。就職活動を3段階に分けてホップ「就職活動に取り組む姿勢を作る」、ステップ「勤めたい産業・企業・職業を把握する」、ジャンプ「就職志望先となる企業への就職活動」と分けた上で各々の段階に当てはまる内容を本書では展開している。その中で志望する産業や企業の設定とキャリア・プラン表の作成の機会の提供

を示すと、次のとおりである。そして、その位置付けから本書は、ホップとステップまで読者である学生の皆さんが進むことを支援する本であることが分かるであろう(序1参照)。

序1: 本書の構成概要

ホップ「就職活動に取り組む姿勢を作る」

・キャリアデザインをするにあたって知っておくべき基礎的な知識の習得(キャリアの意味、就職後の環境、就職までの流れ[タイム・スケジュール]) 第1章 第2章 第3章
・自分の「内」と「外」の環境の整理 第4章 第5章
・社会人になるための心構え 第6章 第7章

ステップ「勤めたい産業・企業・職業を把握する」

・就きたい職業について考えること 第8章
・提示した方法から志望の産業や企業の選定 第9章 第10章 第11章
・キャリア・プラン表の作成 第12章

ジャンプ「就職志望先となる企業への就職活動」

・就職活動の前哨戦とも言えるインターンシップの概説 第13章

補論:

・留学生のキャリア・デザイン 第14章

　本書の構成は次のとおりである。第1章から第7章は「ホップの段階」である。キャリア・デザインの土台を築くために、キャリアに関する基礎的な知識や考え方を身につけることを目的としている。第1章では、キャリアとは何かを理解する。そして、第2章では、大卒後に直面する状況とその課題を2つの点(新規大卒就職者の高離職率、コンピューター化による職業への影響)を考慮しながら将来就くべき職業を捉えることを促す。この第1章と第2章でキャリア・デザインに関する基本的な背景を理解

した上で、第3章では就職スケジュール表を利用して、学生の就職活動と企業の採用プロセスがどのように進んでいくか、就職活動の流れを把握してもらう。そのことで、限られた時間の中で職業を選択していくことを自覚してもらう。

第4章と第5章は、キャリア・デザインに向けて、自分の内的環境と外的環境に関する整理を行う。第4章では、自分自身を顧みることで「なりたい自分(理想像)」を目標に掲げてその理想像に近づくための継続的な努力を促す。そして、自分を第三者に適切な言葉で不足なく伝えることの必要性を理解してもらう。また、自分を顧みるに当たって、あなた自身の「良いこと」だけではなく「不都合なこと」についても整理をしてほしい。人間は他者と社会を構成している以上、その社会で生きる上で明らかに不都合なことをどうすべきかを考えねばならないからだ。第5章では、人は社会を構成するとともに様々な「社会」に属していることから社会における皆さん自身のあり方を確認する。

第6と7章では、社会に出て企業に勤めて以降皆さんが取るべき姿勢(仕事に対する姿勢、組織人・社会人としての姿勢)について、学生時代からそれらの姿勢を理解して準備するためにワークに取り組む。

上記の7つの章を学んだのちに、第8章から12章までの「ステップの段階」について説明したい。第8章「就きたい職業を見つけよう」では、皆さんが就きたい職業、具体的に産業、企業、職種に触れ、ワークを使って考えてもらう。第9章、第10章、第11章は志望企業の選定に取り組む。第9章は、志望企業選定のためのツールとして、企業分析に必要な財務諸表の見方を学び、財務諸表のうち損益計算書に踏み込んで理解を促す。第10章では、企業分析のための資料である四季報や有価証券報告書、アニュアルレポート、これら各々や前者2つについて見方を提示し、内容を理解できる章とした。それによって関心ある企業についてより詳しく理解できるための方法を学んでもらう。第11章では、産業・企業に関心を持った状態から一歩踏み込んで自分がどの産業や企業に自身が勤めたいのか、就職希望先の絞り込みの機会を提供したい。具体的には「東証33業種」を用いて志望業種・企業を絞るワークに取り組んでもらう。

そして、第12章で、あなたが志望する企業から内々定・内定を貰い、入社するためのキャリアプラン表の作成を含めた次の3つのワークに取り組もう。

ジャンプとして、キャリアデザインの入門書である本書ではインターンシップの概説を説明する。このため、第13章ではインターンシップへの積極的な参加を促すために、まずはインターンシップの種類について学ぶ。そして、インターンシップの見つけ方、インターンシップの形態とそれに対応した参加への心構え、企業側の意図などを説明する。

　そして、補論として第14章では日本に留学している外国人留学生が自らのキャリアを考え進路を選択するための情報を提供し、また留学生の主な3つの進路(①日本における就職、②日本の大学院への進学、③出身国における就職)について、各々の説明とその対策について言及した。

　なお、本書では、会社と企業とを同一に捉え、可能な限り企業を使用した。但し、次の場合は会社を用いる。1) 簿記の理論的説明がなされている記述の場合(但し、ワークの記述では企業)、2) 慣用的に使われている語句(例えば、会社説明)、3) 引用先の記述が「企業」ではなく「会社」を用いている場合、である。

　それでは、キャリア・デザインに取り組んでいこう。

第1章　キャリアを計画的に築くために

　本書を通じてキャリアをデザインするにあたり、第1章から第7章までの3つの章を通じて同デザインの土台となるキャリアに関する基礎的な知識や考え方を培う。その最初の章となる本章(第1章)ではキャリアの意味を理解する。

1. キャリアを計画的に築くために

　大学の皆さんは、社会人基礎力、あるいはキャリア・デザイン、という言葉が入った科目を必修科目として履修していることであろう。これらの履修科目で将来の進路について考える際に、「キャリア」という言葉がキーワードとして良く目に耳にすることだろう。「キャリアを築く」、「キャリアをデザインする」、などの表現から、例えば感覚的ながらも計画性を含んだ意味であり、仕事に関係するもの、積み重ねていくもの、ということを踏まえ、「今後の人生のために、仕事上で果たすべき自らの役割を継続的に積み重ねたもの」などという意味で理解していることであろう。皆さんは必修科目によって将来の進路に関する目的や夢を持ち、それに到達するための目標を設定したり、何をすべきかを考える機会を得ているからこそ、キャリアには計画性が必要だ、と考えることであろう。

　しかしながら、計画を持たずに行き当たりばったりでその都度自身の視野に入り、そして手が届きそうな選択肢を選んで人生という道を進んでいく人もいる。振り返れば、そこにはキャリアが存在する。人の生き方は自由であり、無計画に生きようが振り返ればキャリアを築いている。しかしながら、社会という人との関わりの中で人は生きていく。官公庁や企業といった組織で働けば、組織の一員として所属部署の中で役割を与えられ、仕事を評価される。組織に属せずフリーランスとして働いたとしても、取引先との関係によって仕事を得て、良い仕事をすることで自らの仕事人としての評価を高め、取引先を増やしていく。仕事について焦点を絞っても、人から自分の仕事の評価をされ、仕事を得る。そのことによって生活の糧を得ていく。行き当たり

ばったりの人生で築いてきたキャリアでは、次のキャリア・ステップでは、自らの立場を幾分なりとも自律的に決めることができず、結果としてなるようにしかならない自分を作り上げてしまうことにつながらないであろうか。その次や将来のライフステージにおいて、自分を活かし、そしてしっかりと生活していく点からしても不利な状況に貶めてしまわないだろうか。人に仕事を評価され、仕事や給料を安定的にもらうには、計画性が必要である。若い時から習慣的に計画を立てることを身につけることは、その後の生き方に役に立つ。本書は、読者にそのような期待をしつつ、キャリアについて事前に考え、計画的にキャリアを構築してほしいと願っている。そのため、計画性を持って築いていくものがキャリアである、ということを前提として本書ではキャリアデザインを行なっていく。

2. キャリアの意味を理解する

キャリアをデザインするためにも、キャリアという言葉の持つ意味とその背景を正しく理解しよう。そのことによって人生を計画的且つ有意義に積み重ねていくための土台を培おう。

まず、言葉の意味を調べる手段として辞書がある。広辞苑で調べたキャリアの意味とキャリアを用いた語句について以下に直接引用する。

> キャリア【career】
> ① (職業、生涯の)経歴。「―を積む」
> ② 専門的技能を要する職業についていること。
> ③ 国家公務員試験総合職またはⅠ種(上級甲)合格者で、本庁に採用されている者の俗称。「―組」
> −・アップ(和製語 ～up)職業上の経歴・技能を高めること。
> −・ウーマン(～woman)熟練した知識や技能をもち第一線で働いている女性
> −・デザイン(～design)職業人生を自ら設計すること。また、その設計。

(『広辞苑 第七版』、p.741)

本書ではキャリアを①の意味で捉えるとともに、就職活動に目的を絞ったキャリアをデザインするための本である。このことから、キャリアの意味を、生涯における経歴に関係して、特に職業における経歴に絞って言及する。

　また、労働を取り扱う行政機関である厚生労働省の職業能力開発局の管轄であるキャリア形成を支援する労働市場政策研究会の報告書にキャリアの語源から誕生までが記してある。

　「キャリア」(career〔kǝriǝ〕)は中世ラテン語の「車道」を起源とし、英語で、競馬場や競技場におけるコースやそのトラック（行路、足跡）を意味するものであった。そこから、人がたどる行路やその足跡、経歴、遍歴なども意味するようになり、このほか、特別な訓練を要する職業や生涯の仕事、職業上の出世や成功をも表すようになった。

　このように、経歴、遍歴、生涯と結びつけて「キャリア」という言葉が使われることが多くなっており、人の一生における経歴一般は頭にライフをつけて「人生キャリア」(life career)と呼び、そのうち職業を切り口として捉えた場合の人の一生・経歴・履歴の特定部分を「職業キャリア」(professional/occupational/vocational career)と呼んで区別することがある。

（厚生労働省職業能力開発局、2002 年）

Point!

キャリアの語源とその誕生
ラテン語の車道を語源とした英語の競馬場や競技場の行路、足跡が、人がたどる行路やその足跡、経歴、遍歴なども含むとともに、特別な訓練を要する職業や生涯の仕事、職業上の出世や成功をも表す言葉となった 　　　　　　　　　　　　　　　　　　　　（厚生労働省職業能力開発局、2002 年）

大学の授業で考えるキャリアという点から、教育に関する文部科学省の諮問機関である文部科学省中央教育審議会(以下、中央教育審議会と称す)によるキャリアの定義が存在する。同審議会は、1999年に答申「初等中等教育と高等教育との接続の改善について」によってキャリア教育の必要性を提唱することでキャリア教育推進のきっかけを作るとともに、2011年に答申「今後の学校におけるキャリア教育・職業教育の在り方について」を打ち出した。同審議会の答申は大学を含めた学校におけるキャリア教育に影響を与えるため、本書では同審議会が定めたキャリアの定義を次に示すことにする。

　中央教育審議会は、キャリアとは、「人が、生涯の中で様々な役割を果たす過程で、自らの役割の価値や自分と役割との関係を見出していく連なりや積み重ね」（文部科学省中央教育審議会、2011年、p. 17)、と定義している。人生には様々なライフステージが存在し、各ステージを横断して存在する「連なりや積み重ね」としてキャリアを見ていく必要がある。

Point!

> キャリア教育で使われるキャリアの定義
> 「人が、生涯の中で様々な役割を果たす過程で、自らの役割の価値や自分と役割との関係を見出していく連なりや積み重ね」
>
> （文部科学省中央教育審議会、2011年、p.17）

　キャリアという言葉をより詳細に理解するために、文部科学省中央教育審議会が提示した「キャリアの定義」の前文を次に見ていきたい。

> 「人は，他者や社会とのかかわりの中で，職業人，家庭人，地域社会の一員等，様々な役割を担いながら生きている。これらの役割は，生涯という時間的な流れの中で変化しつつ積み重なり，つながっていくものである。また，このような役割の中には，所属する集団や組織から与えられたものや日常生活の中

で特に意識せず習慣的に行っているものもあるが，人はこれらを含めた様々な役割の関係や価値を自ら判断し，取捨選択や創造を重ねながら取り組んでいる。
　人は，このような自分の役割を果たして活動すること，つまり「働くこと」を通して，人や社会にかかわることになり，そのかかわり方の違いが「自分らしい生き方」となっていくものである。」

(同、p.17)

　この前文の内容とその背景を確実に把握するために、他の言葉で置き換えながら、考えられる背景を加味した解釈を次に示す。
　人は、社会を構築し、その中で他者と様々な関わりを持って生きている。その様々な関わりの中で自分も様々な役割を担うが、時間の経過によって担うべき役割は変わっていく。企業や団体など所属組織を例にあげて示すと、それらの役割は所属組織などから与えられ、年齢を重ねるに従ってその時々に果たす役割が変わる。一般的には、ある一定の年齢まで加齢に従いその役割の責任が一層重くなる。また、これは企業や団体だけではなく、家庭や社会でも同様の傾向がある。そして、人は、過去に経験した「様々な役割の関係や価値」(同、p.17)を「自ら判断し，取捨選択や創造を重ねながら」(同、p.17)、自分の役割に従事して人や社会に関わりながら働く。そのことで「自分らしい生き方」となっていく。
　以上から、キャリアとは「人が、生涯の中で様々な役割を果たす過程で、自らの役割の価値や自分と役割との関係を見出していく連なりや積み重ね」(同、p.17)である。

引用文献一覧

（日本語文献）

厚生労働省職業能力開発局(2002)『「キャリア形成を支援する労働市場政策研究会」報告書』(平成14年7月31日)、[厚生労働省 ウェブページ「「キャリア形成を支援する労働市場政策研究会」報告書について」（厚生労働省発表　平成14年7月31日）(https://www.mhlw.go.jp/houdou/2002/07/h0731-3.html)より「報告書本文」リンクをクリッ

ク、https://www.mhlw.go.jp/houdou/2002/07/h0731-3a.html、(2024 年 8 月 29 日閲覧)]。

文部科学省中央教育審議会(1999)「初等中等教育と高等教育との接続の改善について」(答申 平成 11 年 12 月 16 日)[文部科学省中央教育審議会ウェブページ『初等中等教育と高等教育との接続の改善について』、https://www.mext.go.jp/b_menu/shingi/chuuou/toushin/991201.htm、(2024 年 8 月 29 日閲覧)]。

文部科学省中央教育審議会(2011)『今後の学校におけるキャリア教育・職業教育の在り方について』(答申 平成 23 年 1 月 31 日)、pp.1-100、https://www.mext.go.jp/ component/b_menu/shingi/toushin/__icsFiles/afieldfile/2011/02/01/1301878_1_1.pdf、(2024 年 8 月 29 日閲覧)。

(辞典)

新村出編(2018)『広辞苑 第七版』、岩波書店。

第2章 就職後の状況

　近年では毎年 40 万人超の新規大卒就職者が誕生する。その一方で、就職後 3 年以内に同就職者の 3 割超が最初の勤務先を退職している。産業によって退職率は異なり、特に宿泊業、飲食サービス業が突出して退職率が高い。また、企業規模が小さいほど退職者が多い。

　この傾向は過去 10 年間に留まらない。読者である学生の皆さんには、自分たちと同時期に卒業して就職した「同期」が 3 年以内に 3 割超退職するであろうと捉えよう。産業や企業規模での退職の傾向を理解しよう。また、コンピューターや AI の一層の進化や導入でいずれは無くなるであろう職業も把握しよう。

1. 40 万人超の新規大卒就職者

　2013 年 3 月卒から 2022 年 3 月卒までの 10 年間の新規大卒就職者は、毎年度 40 万人を超えている(表 2-1-1)。

表 2-1-1: 新規大卒就職者の推移　平成 25 年 3 月卒-令和 4 年 3 月卒　(単位：人)

卒業年月	就職者数	卒業年月	就職者数	卒業年月	就職者数
2013 年 3 月	412,636	2017 年 3 月	458,683	2021 年 3 月	437,123
2014 年 3 月	427,932	2018 年 3 月	462,084	2022 年 3 月	448,485
2015 年 3 月	441,936	2019 年 3 月	466,722		
2016 年 3 月	448,309	2020 年 3 月	458,464		

(出所) 厚生労働省　ウェブページ「新卒者の離職状況」離職状況に関する資料一覧より、「表 新規学校卒業就職者の在職期間別離職状況」を利用して作成。

　就労人口が減少する中で従業員不足の課題を抱える産業や企業が存在し、新卒採用市場は売り手市場と言われている。しかしながら、40 万人超の大学生が自分の希望

を叶える就職志望先へと就職活動をしており企業によっては1万人を優に志願者数が集まることもある。同じ企業への入社を志望する学生の存在を意識し、競争心を持って、早めの企業や産業研究、そして自分こそが理想の人材であることを書類選考や面談で十二分にアピールできる準備をしてほしい。

　とはいえ、企業、産業、勤務地の地理的範囲(全国転勤可、あるいは特定の地域に留まりたい)を大学1、2年生の時点で明確にする学生は多くはないであろう。企業や産業の選択にはその企業や産業に関する知識を自ら得ていく必要がある。まずは、就職先を考えるための判断材料となる、働き始めてからの新規大卒者の傾向の一つ、新規大卒就職者が3年以内に大卒後最初の就職先を退職する現状や今後徐々に人間の代わりにコンピューターに代替される職業の傾向をこの章で学んでいこう。

2. 新規大卒就職者の離職率

　新規大卒就職者の3年以内の離職率のデータは次の条件から抽出した。

① 2009年3月卒から1年目までのデータがある2022年3月卒のデータを取り上げる。2009年卒からとした理由は、リーマンショック(2007年から2008年)による影響が一年を通じて完全失業率や有効求人倍率など労働市場に大きく現れたのが2009年度の労働市場で、それ以前の日本の労働市場の潮流とは大きく異なるためである。

② 2024年8月1日時点で、就職後3年間(以後、3年目までと呼称)に最初の仕事先を離職する新規大卒就職者のデータが2020年3月卒までである。このため、2009年3月卒までに遡り(理由は後述)、2020年3月卒の11年間の新規大卒就職者の「3年目まで」のデータを検証する。

③ ②に加えて、「2年目まで」のデータ(令和3年[2021年]3月卒)、1年目までのデータ(2022年3月卒)も検証することで、「3年間のデータが揃わない近年の新規大卒就職者」の離職傾向をも把握する。

この条件に基づいて新規大卒就職者の3年以内の離職率のデータを検証する。まず、表2-2-1は2009年3月卒から2022年3月卒までの新規大卒就職者が就職して以降最大3年目までの各年の累積離職率を示している。大学卒業後、企業や団体等に就職した者のうち、「3年目までに離職をした新規大卒就職者の割合」は、2009年の28.8%であり、リーマンショックの影響を大きく受けて不景気な中転職が不可能と判断された結果と考えられる[1]。その後2010年以降は同割合が常に3割を超えている。産業や事業所規模などの違いを考慮せずに全般的な離職者傾向からのみ言及するならば、あなたと同年度に企業や団体に就職した同期社員(職員)の3割超が3年以内に退職する傾向にある。この傾向は、2024年4月時点で離職率の3年間のデータが揃っている2010年3月卒から2020年3月卒に限らない。この12年のデータの出所である厚生労働省ウェブページ「新卒者の離職状況」の記載項目「新規学卒就職者の在職期間別離職率の推移」に掲載されている「新規学校卒業就職者の在職期間別離職状況」をみると、最も古い掲載データである1996年3月卒の時点から3年目までの離職率は33.6%と3割超であり、2009年3月卒を除き、2020年3月卒まで同様の傾向にあった。このことから、新規大卒就職者による就職後3年目までの離職率は3割を超えることは、日本の新規大卒就職者の特徴といえよう。

---

[1] 3年目までの離職率が3割を切った平成21年[2009年]は、労働市場においてリーマンショック[2007年から2008年にかけての金融危機]の影響を大きく受けた年であった。同年7月には完全失業率(季節調整値・男女計)が5.5%と、労働力統計が始まった1953年以降現在(2023年5月)までで最悪である(総務省統計局、2024、「一般職業紹介状況（職業安定業務統計）」)。また、平成21年[2009年]8月は、有効求人倍率(季節調整値)が0.42、その前後の月も0.43と同様に一般職業紹介状況が始まって以降現在(2023年5月)まで最低及びその次の低さとなる時期が続いた(総務省統計局、2024、「労働力調査」)。

表 2-2-1: 新規大学卒業就職者の3年目迄の累積離職率
(平成21年3月卒～令和2年3月卒)

(単位:%)

	新規大学卒業就職者		
	1年目	2年目迄	3年目迄
2009年3月卒	11.5	21.1	28.8
2010年3月卒	12.5	23.3	31.0
2011年3月卒	13.4	23.5	32.4
2012年3月卒	13.1	23.3	32.3
2013年3月卒	12.8	22.8	31.9
b2014年3月卒	12.3	22.8	32.2
2015年3月卒	11.9	22.3	31.8
2016年3月卒	11.4	21.9	32.0
2017年3月卒	11.6	22.9	32.8
2018年3月卒	11.6	22.8	31.2
2019年3月卒	11.8	21.5	31.5
2020年3月卒	10.6	21.8	32.3
2021年3月卒	12.3	24.5	
[2022年3月卒	12.0		

(注) 2年目までの合計値は引用先では未記載のために単純に1年目と2年目の数値を合計して表した。但し各年度の引用データが小数点第2位を四捨五入のために不正確な場合がある。

(出所) 厚生労働省 ウェブページ「新卒者の離職状況」の「離職状況に関する資料一覧」から「表.新規学校卒業就職者の在職期間別離職状況」の「大学」の「規模計列」の過去14年間のデータを利用して作成。

新規大卒就職者の離職率は、新規大卒者各々が置かれている条件の違い(例えば、産業、事業所の規模や就労環境の相違)などで大きく異なる。これら条件の違いから

の離職率は表 2-2-2 から説明したい。

表 2-2-2: 新規大学卒業就職者の産業別離職状況(一部産業のみ。3 年目までの合計)[2015 年 3 月卒～2020 年 3 月卒][注1、注2]

(単位：％)

産業	2015 年	2016 年	2017 年	2018 年	2019 年	2020 年
建設業	28.9	27.8	29.5	28.0	28.6	30.1
製造業全体	19.5	19.6	20.4	19.0	18.5	19.0
(一部のみ掲載)						
食料品製造業	31.6	32.0	32.6	29.3	28.4	30.6
繊維工業	36.9	37.9	34.9	33.6	31.5	34.2
化学工業、石油製品・石炭製品製造業	13.3	14.6	15.6	14.2	14.6	15.1
機械関係	14.4	14.8	15.4	14.7	14.6	14.3
電気・ガス・熱供給・水道業	10.8	9.2	11.4	11.1	10.6	10.5
情報通信業	28.0	28.8	29.4	27.4	27.8	27.9
運輸業・郵便業	25.6	24.7	25.6	25.0	25.5	28.3
卸売業	29.5	29.2	30.4	27.7	28.0	29.6
小売業	37.7	37.4	39.3	37.4	36.1	38.5
金融・保険業	21.7	23.0	24.8	24.2	25.1	26.3
宿泊業、飲食サービス業	49.7	50.4	52.6	51.5	49.7	51.4
医療、福祉	37.8	39.0	38.4	38.6	38.6	38.8

(注)1) Covid-19 の日本での流行が 2020 年 2 月移行のため、Covid-19 による就職活動への大きな影響を大きく受けていない 2020 年 3 月卒及び、それ以前の 4 年間の大卒者の産業別離職状況を提示。2) 3 年目までの離職者数÷就職者数で算出した値のうち小数点第四位を四捨五入して算出。

(出所) 厚生労働省ウェブページ「新卒者の離職状況」離職状況に関する資料一覧より「新規大学卒業就職者の産業別離職状況」の「大学 産業別(大分類) グラフ：新規大卒就職者の産業分類別 (大分類※１) 就職後 3 年以内※２の離職率の推移」および「大学　産業別(中分類)　グラフ：新規大卒就職者の製造業における産業分類別 (中分類※１) 就職後 3 年以内※２の離職率の推移」のデータから筆者作成。

産業別新規大卒業就職者の3年目までの離職状況を見ていくと、離職率には産業によって大きなばらつきがあることがわかる。表 2-2-2 は、2015 年 3 月卒〜2020 年 3 月卒までの各産業の離職率を掲載したものである。新規大学卒業就職者全体の 3 年目までの離職率平均が 3 割強で平均で 3 割超であるが、大きく乖離している産業は次のとおりである。

・宿泊業、飲食サービス業は常に 50%前後と非常に高い。
・電気・ガス・熱供給・水道業では主として 10%から 11%を推移。

離職率の相違の原因は表からは判断できないが、産業の特徴(例えば、顧客のニーズに応えるための就労環境)にその原因が内包されていると考えられよう。

新規大卒就職者の事業所規模別離職状況は表 2-2-3a、2-2-3b、2-2-3c に記載した。事業所規模を 6 区分(5 人未満、5〜29 人、30〜99 人、100〜499 人、500〜999 人、1,000 人以上)に分け 2009 年 3 月卒から 2021 年 3 月卒までの新卒後 1 年目まで、2 年目まで(累積 2 年間)、3 年目まで(累積 3 年間)の離職率[2]を各々示す。これらの表に記載した対象期間、計 14 年間を通じて注目して欲しいことは、次の 3 点である。

対象期間の 14 年間を経ても、
(1) 事業所規模が小から大になるに従って、離職率が小さくなる。
(2) 30 人未満の事業所規模(5 人未満、5〜29 人)では 1 年目から離職率が 20%以上であり、5 人未満の規模では 2015 年 3 月卒、2020 年 3 月卒、2021 年 3 月卒を除いて 30%前後かそれ以上である。就職後 3 年目までには 5〜29 人規模では 50%前後、5 人未満では 50%半ば〜60%に至った。
(3) 1,000 人以上の大規模事業所では、1 年目は 7〜8%台と低く、3 年目までは 2017 年 3 月卒を除き、20%台前半〜25%程度である。

---

[2] 新規大卒就職者のうち、3 年までのデータが公表されていない 2021 年 3 月卒については、2 年目まで、2022 年 3 月卒については、1 年目までとする。

表 2-2-3a: 新規大学卒業就職者の事業所規模別離職状況(1年目迄の離職率) (2009年3月卒～2022年3月卒)

(単位：%)

卒業年度	規模計	5人未満	5～29人	30～99人	100～499人	500～999人	1,000人以上
2009年3月卒	11.4	31.1	22.4	16.0	11.7	9.5	7.4
2010年3月卒	13.4	36.2	25.5	17.3	13.2	11.2	7.8
2011年3月卒	14.3	36.1	27.0	18.6	13.8	11.3	8.4
2012年3月卒	13.0	32.8	25.0	16.6	12.5	11.2	7.4
2013年3月卒	12.7	32.4	24.2	16.2	12.3	11.1	7.8
2014年3月卒	12.2	31.3	23.1	15.8	12.1	10.3	7.5
2015年3月卒	11.8	28.9	22.3	15.8	11.8	10.2	7.3
2016年3月卒	11.3	30.3	22.0	15.5	11.5	9.5	7.1
2017年3月卒	11.5	27.9	22.5	15.5	11.4	9.5	7.8
2018年3月卒	11.6	30.4	23.4	16.1	11.7	9.5	7.9
2019年3月卒	11.7	30.9	23.1	16.2	11.9	9.9	7.9
2020年3月卒	10.6	26.0	21.5	14.8	10.9	8.9	7.2
2021年3月卒	12.2	29.9	23.6	16.5	12.3	10.6	8.3
2022年3月卒	12.0	30.2	24.0	16.0	11.8	10.2	8.1

(出所) 厚生労働省 ウェブページ「新卒者の離職状況」離職状況に関する資料一覧より、「新規学卒者の事業所規模別・産業別離職状況」の「大卒 事業所規模別 表」データ「新規大卒就職者の事業所規模別離職状況」を使用して作成。

表 2-2-3b：新規大学卒業就職者の事業所規模別離職状況（2年目迄の離職率）
（2009年3月卒～2021年3月卒）

(単位：%)

卒業年度	規模計	5人未満	5～29人	30～99人	100～499人	500～999人	1,000人以上
2009年3月卒	21.1	48.6	38.5	28.5	21.8	18.7	14.4
2010年3月卒	23.3	52.0	40.2	29.2	23.0	20.6	15.3
2011年3月卒	23.5	50.1	40.3	29.3	23.0	19.9	15.5
2012年3月卒	23.3	49.1	40.1	28.3	23.0	21.1	15.3
2013年3月卒	22.8	48.2	38.7	28.0	22.5	20.5	15.8
2014年3月卒	22.8	48.1	38.6	28.1	22.5	20.5	16.0
2015年3月卒	22.3	45.5	37.5	27.9	22.2	20.3	15.9
2016年3月卒	21.9	46.2	37.5	27.9	21.9	19.7	16.1
2017年3月卒	22.9	45.6	38.8	28.6	22.8	20.3	17.5
2018年3月卒	22.8	47.3	39.2	29.2	23.2	20.5	17.2
2019年3月卒	21.5	45.7	36.8	27.8	21.7	19.6	16.2
2020年3月卒	21.8	42.1	37.0	28.8	22.1	20.2	16.7
2021年3月卒	24.5	47.8	40.3	30.7	24.5	22.9	18.9

（出所）厚生労働省ウェブページ「新卒者の離職状況」離職状況に関する資料一覧より、「新規学卒者の事業所規模別・産業別離職状況」の「大卒 事業所規模別 表」データ「新規大卒就職者の事業所規模別離職状況」を使用して作成。

表 2-2-3c: 新規大学卒業就職者の事業所規模別離職状況(3 年目迄の離職率)
(2009 年 3 月卒～2020 年 3 月卒) (単位：%)

卒業年度	規模計	5人未満	5～29人	30～99人	100～499人	500～999人	1,000人以上
2009年3月卒	28.8	59.2	49.8	37.9	30.1	26.3	20.5
2010年3月卒	31.0	61.1	50.3	38.3	31.0	28.2	21.7
2011年3月卒	32.4	60.4	51.4	39.6	32.1	28.7	22.8
2012年3月卒	32.3	59.6	51.5	39.0	32.2	29.3	22.8
2013年3月卒	31.9	59.0	49.9	38.6	31.9	29.2	23.6
2014年3月卒	32.2	59.1	50.2	38.8	31.9	29.8	24.3
2015年3月卒	31.8	57.0	49.3	39.0	31.9	29.6	24.2
2016年3月卒	32.0	57.7	49.7	39.3	32.2	29.6	25.0
2017年3月卒	32.8	56.1	51.1	40.1	33.0	29.9	26.5
2018年3月卒	31.2	56.3	49.4	39.1	31.8	28.9	24.7
2019年3月卒	31.5	55.9	48.8	39.4	31.8	29.6	25.3
2020年3月卒	32.3	54.1	49.6	40.6	32.9	30.7	26.1

(出所) 厚生労働省 ウェブページ「新卒者の離職状況」離職状況に関する資料一覧より、「新規学卒者の事業所規模別・産業別離職状況」の「大卒 事業所規模別 表」データ「新規大卒就職者の事業所規模別離職状況」を使用して作成。

3．コンピューター化による職業への影響

　Carl Benedikt Frey と Michael A. Osborne が 2013 年に著した "The Future of Employment: How Susceptible are Jobs to Computerization?"(筆者邦訳　雇用の未来：いかにコンピューター化によって仕事は影響を受けやすいか？)は、アメリカにおける仕事のコンピューター化への影響を論じた研究である。同研究は、リスクがある仕事の数と、コンピューター化される職業の賃金と学歴の関係を分析することを主な目的とし、米国労働市場に対するコンピューター化の予想される将来の衝撃を検証したものである。コンピューター化の影響の受け方から、アメリカにおける職業を高

位、中位、低位のリスクに分けて見積もったところ、アメリカにおける総雇用の47%が高いリスクに晒されており、これらの職業は不特定の年数、おそらくは10年から20年にかけて潜在的には自動化可能な職業であることを意味している。(Frey and Osborne 2013、pp.36-38)。また、賃金と学歴は、職業のコンピューター化の可能性と強い負の相関関係にあることを証明した(同、p.42)。賃金が高い仕事、高いスキルを有する仕事に就くには高い学歴を必要とする仕事に就くことを示唆している。それらの仕事とは、例えば、創造的、社会的知性を必要とする業務(同、p.56)などである。

この研究を参考にして学生の皆さんが仕事を選ぶことをお勧めしたい。アメリカの雇用を前提とした話ではあるが、Frey and Osborne が提示した記載した、コンピューター化の影響を受け難い職業から受けやすい職業へと並べられている 702 種に渡る職業リストを確認してほしい(同、pp.57-72)。同リストを逆から見て貰えばわかるように、技術的にも取り残されやすく、単純作業の職業が羅列されている。表2-3-1では、自動化可能性の最高・最低の職業をリスト化した。

**表 2-3-1: Frey and Osborne の研究(2013)における
アメリカで自動化可能性の最高・最低の職業**

自動化可能性が最も低い職業	自動化可能性が最も高い職業
上位 10 位（無くなる可能性: %）	99.9%無くなる可能性がある職業
1位 Recreational Therapists (0.28%)	702位 Telemarketers
2位 First-Line Supervisors of Mechanics, Installers, and Repairers (0.3%)	701位 Title Examiners, Abstractors, and Searchers
3位 Emergency Management Directors (0.3%)	700位 Sewers, Hand
4位 Mental Health and Substance Abuse Social Workers (0.31%)	699位 Mathematical Technicians
	698位 Insurance Underwriters
5位 Audiologists (0.33%)	697位 Watch Repairers
	696位 Cargo and Freight Agents
6位 Occupational Therapists (0.35%)	695位 Tax Preparers
7位 Orthotists and Prosthetists (0.35%)	694位 Photographic Process Workers and Processing

8位 Healthcare Social Workers (0.35%)	Machine Operators
9位 Oral and Maxillofacial Surgeons (0.36%)	693位 New Accounts Clerks
10位 First-Line Supervisors of Fire Fighting and Prevention Workers(0.36%)	692位 Library Technicians
	691位 Data Entry Keyers

(注) 指数(0 は自動化可能性がない、1 は自動化可能性がある)を%表示に直して表記。
(出所) Frey, Carl Benedikt and Osborne, Michael A.(2013), pp.57-72「The table below ranks occupations according to their probability of computerisation (from least- to most-computerisable)」の p.57 と p.72 を基に筆者が並び替えて作成。

　また、Frey と Osborne は、野村総合研究所と共同研究した『日本におけるコンピューター化と仕事の未来』(Frey, Carl Benedikt and Osborne, Michael A., 2015)で、日本における仕事とコンピューター化の影響の可能性について論じている。日本の労働者の約 40%は自動化不可能と見なされる職業に就いている。これらの自動化が困難な仕事の大半が、複雑な社会的交流が必要な作業を伴う(Frey, Carl Benedikt and Osborne、2015、pp.11-12)からである。参考として、表 2-3-2 に Frey and Osborne の研究(2015)における、日本で自動化可能性の最高・最低の職業を記した。

表 2-3-2: Frey and Osborne の研究(2015)における日本で自動化可能性の最高・最低の職業

自動化可能性が最も低い職業	自動化可能性が最も高い職業
上位 10 位	99%無くなる可能性がある
精神科医 Psychiatrists (0.1%)	電車運転士 Train Drivers (99.8%)
国際協力専門家 International Cooperation Experts (0.1%)	経理事務員 Accounting Clerks (99.8%)
作業療法士 Occupational Therapists (0.1%)	検針員 Meter Reading Workers (99.7%)
言語聴覚士 Speech Therapists (0.1%)	一般事務員 General Administrative Clerks (99.7%)
産業カウンセラー Industrial Counselors (0.2%)	包装作業員 Packaging Workers (99.7%)
外科医 Surgeons (0.2%)	路線バス運転者 Route Bus Drivers (99.7%)
はり師・きゅう師 Acupuncturists and Moxibutionists (0.2%)	積卸作業員 Loading and Unloading Workers (99.7%)
盲・ろう・養護学校教員 Special Education Teachers 0.2%	こん包工 Balers (99.7%)
メイクアップアーティスト Make-up Artists (0.2%)	レジ係 Cashiers (99.7%)
小児科医 Pediatricians (0.2%)	製本作業員 Binding Workers (99.7%)

(出所) フレイ, カール・ベネディクト, オズボーン, マイケル A. オズボーン(2015)、p.11「表 1：自動化可能性が最も高い職業」、「表 2：自動化可能性が最も低い職業」を基に筆者が 1 つの表に並び替えて作成。

　同節のまとめとして、次のことを皆さんに提唱したい。現在、仕事の人間から機械への代替、つまり「自動化」の職業の範囲は拡大する一方で、それらの仕事は短期間で完全に自動化されるわけではない。人間社会は文字どおり人間が形成しており、労働市場における自動化の推進も人間の判断が必要となる。仮に最初の一社の経営者の判断による自動化推進から、業界全体に広がりを見せて職業や関連する職業まで消えたとしよう。その後に続くであろう職業の存亡については社会問題化し、置き換えは容易ではないかもしれない。但し、自動化の流れは止まらないであろう。就職志望の産業、企業、職種、仕事内容などは、あなたの定年時も変わらず世の中で需要を得て安定した存在であるとは限らないことをも考慮して就職活動に取り組んでほしい。

引用文献一覧

（日本語文献）

厚生労働省 ウェブページ「新卒者の離職状況」離職状況に関する資料一覧より、「新規大学卒業就職者の産業別離職状況」のうち「大学 産業別(大分類) グラフ: 新規大卒就職者の産業分類別（大分類※1）就職後3年以内※2の離職率の推移」、https://www.mhlw.go.jp/content/11800000/001158660.pdf、（2024年4月25日閲覧）。

厚生労働省 ウェブページ「新卒者の離職状況」離職状況に関する資料一覧より、「新規大学卒業就職者の産業別離職状況」のうち「大学 産業別(中分類) グラフ：新規大卒就職者の製造業における産業分類別（中分類※1）就職後3年以内※2の離職率の推移」、https://www.mhlw.go.jp/content/11800000/001158660.pdf、（2024年4月25日閲覧）。

厚生労働省 ウェブページ「新卒者の離職状況」離職状況に関する資料一覧より、「新規学卒者の事業所規模別・産業別離職状況」の「大卒 事業所規模別 表」データ「新規大卒就職者の事業所規模別離職状況」、https://www.mhlw.go.jp/content/11800000/001158647.pdf、（2024年8月17日閲覧）。

厚生労働省 ウェブページ「新卒者の離職状況」離職状況に関する資料一覧より、「表 新規学校卒業就職者の在職期間別離職状況」、https://www.mhlw.go.jp/content/11800000/001158624.pdf、（2024年8月17日閲覧）。

総務省統計局（2024）ウェブページ「労働力調査（基本集計全都道府県 長期時系列データ）」におけるExcelファイル「主要項目（労働力人口，就業者，雇用者，完全失業者，非労働力人口，完全失業率）」（Excelファイル名：lt01-a10）、https://www.e-stat.go.jp/stat-search/files?page=1&layout=datalist&toukei=00200531&tstat=000000110001&cycle=0&tclass1=000001040276&tclass2=000001011681&tclass3val=0、（2024年8月17日）。

総務省統計局(2024) ウェブページ「一般職業紹介状況（職業安定業務統計）」の「～令和6年6月［31件］」における「長期時系列表3」のExcelファイル「有効求人倍率（実数、季節調整値）」（Excelファイル名：第3表）(調査年月 2024年6月、公開[更新]日 2024年7月30日)、https://www.e-stat.go.jp/stat-search/files?page=1&layout=datalist&toukei=00450222&tstat=000001020327&cycle=1&tclass1=000001219980&stat_infid=000040196878&tclass2val=0、

(2024年8月17日)。

フレイ，カール・ベネディクト、オズボーン，マイケル A. オズボーン(2015)『日本におけるコンピューター化と仕事の未来』野村総合研究所、pp.1-14。

文部科学省中央教育審議会「今後の学校におけるキャリア教育・職業教育の在り方について」(答申 平成23年1月31日)、pp.1-100。

(英語文献)

Frey, Carl Benedikt and Osborne, Michael A.(2013) "The Future of Employment: How Susceptible are Jobs to Computerization?", the Oxford Martin Programme on Technology and Employment Working paper, Oxford Martin School, University of Oxford, 17th September, 2013, pp.1-72.

第3章　就職までの流れ

　第3章では、図3-1「就職スケジュール表」の横軸の項目①から⑦から、学生の就職活動と企業の採用プロセスがどのように進んでいくかを説明する。

1. 就職までの流れ
① 企業側の動き
　企業の採用担当者は次の年に入社する学生のみを採用の対象としてはいない。皆さんは採用対象者と聞くと、採用年度の4月に入社予定である新規大学卒業就職者である学生のイメージがあるのではないか。しかしながら、企業の採用担当者は、転職者の採用活動、アルバイトの採用活動、派遣の採用活動、シニアや第二新卒といった様々な入社に向けての活動を実施する。このように、採用担当部者は企業活動にとって必要な人材を組織が望めば同時並行で様々な人材を対象とする採用活動を行う。本書では大学生にのみ言及する。

　企業によって異なるが、採用対象者となる新規大学卒業就職者が大学3年次の時から採用活動のスケジュールが組まれている（図3-1参照）。2027年4月入社であれば、2027年度採用対象者として3年次である2025年度4月から採用スケジュールが始まる、ということである。企業から3年生への大きな接触の機会はインターンシップである。日本の企業は産業の違いを問わず、インターンシップの時期は主に春頃、夏、冬と3つの期間に分けられるが、企業はいずれか、あるいはその全てにおいて就業体験の機会を設けている。企業にとっては、自社に関心ある学生をこの機会に集めることが可能となる。多数の応募があればインターンシップのための募集書類による絞り込みを行うという選抜プロセスにかけることで、より多くの学生から自社に望ましい、あるいは高い能力を持つ学生を早めに見つけることも可能になる。この点で、企業がインターンシップを行うメリットが生じる。

図 3-1: 就職スケジュール表

学年	月	イベント	①企業側の動き	②企業オファー	③学生の動き	④自己分析	⑤業界研究	⑥企業職種研究	⑦ES面接対策
2年生	1月					早めに自己分析を行なう	興味ある業界の分析	興味ある企業と職種の研究	面接の対策とエントリーシート作成
	2月								
	3月								
3年生	4月	インターシップ開始	インターン開始	インターンオファー	インターン				
	5月	情報サイト開始			夏インターンへ参加				
	6月								
	7月		夏のインターン						
	8月								
	9月			早期面談オファー時期					
	10月	一部企業エントリースタート	冬のインターン		秋冬インターンへ参加				
	11月								
	12月								
	1月								
	2月								
	3月	会社説明会スタート	説明会	本選考オファー	本選考準備				
4年生	4月								
	5月								
	6月	本選考・内々定通知スタート	内々定通知本選考開始		本選考期間				
	7月								
	8月								
	9月								

(出所) 筆者による作成。

大手企業を中心とした経済団体である一般社団法人日本経済団体連合会に加入する企業は、同団体が示す『採用選考に関する指針』(2015年12月7日改定)に基づいて採用選考活動(広報活動と選考活動)を実施している(日本経済団体連合会、2015a)。同団体の加入企業の広報活動は、学生が4年生になる1ヶ月前となる3月1日から、「自社の採用サイトあるいは就職情報会社の運営するサイトで学生の登録を受け付けるプレエントリーの開始」(日本経済団体連合会、2015b)が可能となり、「学生の個人情報の取得や個人情報を活用した活動」(同上)が可能となる。また、同団体の加入企業の選考活動は、説明会を開催し、6月1日が面接試験による選考の解禁日となる(同上)。その一方で、多くの企業で2月から企業は自社の説明会を単独あるいは合同で開催する。このため、6月1日の就職選考解禁日には約4割の「就活学生」に内々定が出ている状態となる。それ以降は、内定辞退者の補充などを行うため、1年中採用活動（面接など）行う。

② 企業オファー
　企業オファーとは、インターンなどでの機会で企業が欲しい人材と認められた学生に対し、企業が学生に個別に会いたい場合の意思表示と取れる行動を指す。3年生に対して実質的に選考プロセスと考えられる機会を提供する。例えば、前回のインターンシップから選抜されたメンバーのみでの次回のインターンシップであったり、企業内部での非公開の研修や座談会である。これらの機会の折、あるいはその後に、早期選考の機会の提供などの打診や、当該企業に相応しい人材のために是非とも採用試験を受けてほしい、と言われる場合もある。すでに採用本番の時期に入っている4年生の場合には、会社説明会での質問やESでのプロフィールをみた企業が、一部選考プロセスを飛ばし、個別に面談の機会を提供することがある。

③ 学生の動き
　3年生は、早い時期からインターンに参加しよう。早い時期(4月-6月)にはインターンシップを実施する企業は少ないが、その実施について認識していない学生も多い。早めにインターンシップに参加すれば、応募倍率が少なく、また、企業側も多くの学

生が応募する夏のインターンシップという「繁忙期」とは異なる。このため、早めのインターンシップ実施企業には一人一人の学生と向き合う余裕が感じられる。大学就職課が学生に就活支援講座を開催する時期になるとインターンシップや情報収集の仕方など説明する講座が開催されることだろう。必ず参加して自分の就職活動の指針としてほしい。同支援講座では就職に関する資料も配布されるであろう。希望の企業に内定ができるようサポートを行う就職課が発する情報には注意して聞き、そして同課を大いに活用してほしい。4年生になると選考試験の時期となる。具体的な筆記試験の準備、個別面接、集団面接に備えられるよう、大学就職課などを大いに活用しよう。多くの大学では、面接指導や自己アピールの添削、そして就職課に来た企業の求人などの情報収集を行うことが可能である。

④ 自己分析

自己分析は、就職活動を意識せずとも行う機会があるものである。大学入学後、自分が取り組みたいことを探す時や、ふと将来に向けて考える時などに、自分が選択したいことに対して自分の適性を踏まえて考えようとする。このため、思い立ったら、大学1年生であってもすぐに自己分析に取り掛かってみよう。自分がしてきた経験を基に、自分の強みや弱みを取り上げることができるだろうか。なりたい自分と、今の自分とにギャップがあっても良いではないか。そのギャップに目を伏せることなくギャップに早めに気づいたことに感謝をしよう。ギャップを埋めて、少しずつ理想の自分になることを楽しもう。就職についても同様である。時間があるときに自分のつきたい職業、適性を自分で自分を分析してほしい。自己分析が早ければ早いほど希望の仕事に就くのに必要な資格、弱みの克服ができるはずである。「自己分析」であるために、あなたしかできない。過去の経験を棚卸してみよう。

⑤ 業界研究

自己分析と同様に1、2年次からでも行ってほしい。その一歩として本書第11章でも取り上げたが、どのような業界が存在するのかを大まかにみて、興味ある業界をいくつか取り上げてみよう。意外と知らない業界が存在しているのではないだろうか。

大学図書館や就職課には特定の業界に絞って書かれた本が置かれていることだろう。調べていると、業界に特有な特徴も存在することが分かる。是非とも時間の空いた時に調べてほしい。そのことが、早めの志望産業や志望企業の選択につながるのだから。

⑥ 企業職種研究

　早い時期から取り組むべきことであるため、大学生全学年を対象とする準備である。志望業界が絞れたら、その業界に属する企業数社を分析してみよう。如何なる事業に従事している企業なのか、その事業を通じてどのように社会へ貢献しているのか、これらについて考えてみた上で、実際にその企業に関心があるのかを自分に問いかけてみよう。当該企業に対して将来自分が勤めていて何かしらの仕事に従事しているイメージができ、そして関心が少しでもあれば、関心がある他の企業と比較分析をしてみよう。

　企業内部には経理部や営業部など様々な部署とそれに見合った職能を必要とする職種が存在する。就職とは職に就くことを意味するため、転職先でも以前の職場で知識とスキルを身についていることが望ましいとされる。長い人生を生きていく上で他者に劣らず確かな知識とスキルを身につけていくことは重要である。特に自分以外の人でも代替できる、そしてその知識とスキルが容易に身に付く職種であれば、余計に知識とスキルを確かなものにしよう。社会人となる最初の一歩を踏み出すである今一度自分が人生を賭けて取り組みたいこと、それができる職種であるのか、そして本当にやりたいことを自身で探した企業の中で自己実現ができるのかも併せて考えてほしい。

⑦ ES面接対策

　今までの自己分析や業界分析などを行った後に、企業に提出するES（Entry Sheet：エントリーシート）を作成することになる。業界や企業の志望理由、志望企業への貢献可能な内容などを簡単にワークシートに記入する。ESを提出後は、ESを基に面接が行われるため、記述内容についてあらゆる視角から深く質問される可能性がある。しっかりと回答できるように準備をしてほしい。面接対策として、面接相手から見て

あなたの発言内容で伝わらない点などの修正箇所が浮き彫りになる。このため、就職課職員や友人などと練習を必ず行うことを強く勧める。また、企業によって選考過程でSPI適性試験などの筆記試験も課されるので問題集を手に入れて事前に十分な時間を費やして備えよう。4年生になると採用選考試験真っ最中で、企業の面接毎に志望動機の確認や修正を行っていくことになる。大変なことではあるが、自分を相手に理解してもらうためにもしっかりと取り組んでほしい。

ワーク1

就職までの流れをざっと振り返り、気が付いたことや今後の大まかな予定を200字から300字で整理すること。

引用文献一覧

(一般社団法人)日本経済団体連合会(2015a)『採用選考に関する指針』(2015年12月7日改定)、https://www.keidanren.or.jp/policy/2015/112_shishin.pdf、(2024年8月30日閲覧)。

(一般社団法人)日本経済団体連合会(2015b)『「採用選考に関する指針」の手引き』(2015年12月7日改定)、https://www.keidanren.or.jp/policy/2015/112_tebiki.pdf、(2024年8月30日閲覧)。

第4章　自分を見つめ直そう

　学生の皆さんには、自分を顧みながら「なりたい自分(理想像)」を目標に掲げてその理想像に近づくための努力を継続してほしい、そして、自分自身を第三者に適切な言葉で不足なくに伝えることの必要性を理解してほしい。また、人間は他者と社会を構成している以上、その社会で生きる上で明らかに不都合なことがあればどうしたら良いのか考えることは必要なことであろう。自分を顧みるに当たって、あなた自身の「良いこと」だけではなく「不都合なこと」についても整理をしてほしい。これらの視点から自分を見つめ直すきっかけを提供するものである。

1. 自分を顧みるために

　自分を顧みるにあたり、まずは自己評価の方法について話を進めていく。自分が発した言葉、今までとった行動、積み上げてきた経験などから『自分とはこういう人である』と判断するには何らかの判断基準が必要である。

　この判断基準を決めるためにキャリアデザインの基本に立ち返って考えてほしい。キャリアデザインのためになりたい自分(将来像)を設定し、それに近づくための努力をする。ここに自分を評価するための判断基準のヒントがある。なりたい自分(将来像)の特徴のそれぞれについて現在の状況を確認し、それに応じて具体的な取り組みを設定する。なりたい自分(将来像)の特徴を基準として、今の自分はどこまでその基準に近づいているのかによって自己評価が可能である、と本書は提案したい。この基準を利用して自己評価をし、現時点での自分の特徴を捉えた上で、大学生活のうちに一歩一歩なりたい自分(理想像)に近づいていこう。

　自己評価方法についての話を終えたところで本論を進めていこう。まずは本章序文に記した「自分を顧みながら「なりたい自分(理想像)」を目標に掲げてその理想像に近づくための努力を継続してほしい」という点について話をしたい。「自分への理解」は、自分を顧みながら「なりたい自分(理想像)」を目標に掲げてその理想像に近づくための

努力を継続本は、今までの人生で歩んできた軌道を振り返り、過去の取り組みとその折のあなたの内面を顧みることである。この点を踏まえ、なりたい自分(理想像)に到達するためには、その一歩目として、A)「第三者からの評価によって気付かされたことを受け入れること」、そして B)「あなたが他者よりもあなた自身のことを最もよく知っていること」、を理解しよう。

第一点目「A) 第三者からの評価によって気付かされたことを受け入れること」の話として、人間は自分では気づかずに「他者によって発見され、気付かされる点(魅力や正すべきことなど)」がある。あなたの何らかの取り組みに対し、第三者から繰り返し褒められることで、そのことが自分の魅力の一つである可能性に気付かされた経験は一つや二つはあるだろう。また、第三者から正すべきこととして忠告されたこともあるだろう。本書では魅力に絞って話を進めていく。自分とは何かを理解することは、第三者が介在して評価を下しても自分の判断基準でもってそれを受け入れるか否かを判断するプロセスがある。その判断基準は感情や状況によって都度変わるものであり、一定したものを用いられているわけでもない。例えば、『ピアノ演奏がとても上手ですね』と第三者が何度も褒めても当の本人は、自分よりも演奏が上手なピアノ演奏者は世の中に数多く存在している、と強く認識していれば、第三者の言葉はその場限りの褒め言葉に過ぎないと判断するであろう。ただし、評価の高いコンテストで受賞するなどしたにも関わらず、「自分よりも優れた人はたくさんいるから、さほど喜んではいけない」とばかりに謙遜し過ぎたり、「より高みに登るための過程で得た賞に過ぎない、自分の力はこんなものでは無い」と強い向上心によって第三者からの良い評価を受け入れることを妨げることもあり得る。自分に目指すものがあれば、その目指すべき到達点「なりたい自分(将来像)」の特徴毎に今の自分はどこまで到達したのかで判断できるであろう。第三者の評価を、自分への気づきのための材料として受け入れることが重要である。なお、他者からの自分の評価を参考にしたい場合には、より多くの他者から評価をもらうことであなたの知らない側面をしっかりと浮き出させよう。

また、第三者は言葉や行動からあなたの特徴を捉える。あなたが意識せずになんとはなしに発した言葉や行動を第三者が捉えた場合、他者は、誤った認識によって評価をもたらす恐れがある。言行には注意をしてほしい。

第二点目「B) あなた自身についてあなたが他者よりも最もよく知っていること」の話を述べていきたい。あなたが歩んできた人生については、あなたが最も理解している。あなたの人生における言葉、行動、経験などは、今の自分を構成してきた要素である、とあなたが認めることである。正しく自分を把握しないことで将来への可能性や様々な機会を失うこともあるだろう。自分の歩みをしっかりと把握し、今まで培ったことについては積極的に自身の特徴として取り込んでいこう。

　次に、本章序文の「自分自身を第三者に適切な言葉で不足なくに伝えることの必要性」について述べていきたい。あなたの人生を築いてきたのはあなたである。都度考えてきたこと、行ってきたことなどを最も理解しているのはあなたである。あなたがあなた自身の良き理解者となったとしても、それだけでは不十分であり、他者にあなたを正しく理解してもらうことが必要である。何故ならば、あなたは生まれた時から人間社会の構成員として他者との関わりの中で生きているからである。自分自身を他者に正しく理解してもらうには、あなたから誤解を与えるようなシグナルを送ってはならない。あなたはあなた自身を第三者に誤解なく適切に伝えることができなければ、十分な理解を得られなかったり誤解されて望まない評価を得るであろう。このため、適切な情報発信を意識しながら言葉や行為を用いて他者と接するべきである。

２. なりたい自分（理想像）に近づくために

　あなたが就職活動、あるいは社会人になるまでに、(1)なりたい自分(理想像)を明確にすること、そして、(2)その理想像に対して、現在あなたや第三者が評価するあなたの特徴や上記で述べた「参考」となる現在像などと比較し、ギャップを埋めることに努めよう。そのことで、あなたの理想像に近付こう。そのために、次の３つのワークを利用してあなたの特徴を整理しよう。

ワーク1

あなた自身について、あなたからの評価と第三者からの評価を理解しよう。

- あなたを端的に述べるとどのような人物か。理由は何か。

　　　　　　　　　　　　　　　　　　　　　　　　　　　　　　　　　　　
　　　　　　　　　　　　　　　　　　　　　　　　　　　　　　　　　　　
　　　　　　　　　　　　　　　　　　　　　　　　　　　　　　　　　　　
　　　　　　　　　　　　　　　　　　　　　　　　　　　　　　　　　　　
　　　　　　　　　　　　　　　　　　　　　　　　　　　　　　　　　　　
　　　　　　　　　　　　　　　　　　　　　　　　　　　　　　　　　　　

- 家族や友達から、あなたはどのような人物であると評価されるのか。

　　　　　　　　　　　　　　　　　　　　　　　　　　　　　　　　　　　
　　　　　　　　　　　　　　　　　　　　　　　　　　　　　　　　　　　
　　　　　　　　　　　　　　　　　　　　　　　　　　　　　　　　　　　

- あなたの長所は何か。エピソードも交えて説明せよ。さらに、その長所を伸ばすには何をすれば良いのか考えて記述せよ。

- あなたの短所は何か。エピソードも交えて説明せよ。また、それを改善するには何をすれば良いのか、記述せよ。

- どのような人に好かれるのか(同年代の男女、同年代以上の男性女性、親世代など)。

- どのような人と話しやすいのか。

・上記を踏まえて、あらためてあなた自身がどのような人物であるのか端的に評価してみよう（100字以内）。

ワーク2

なりたい自分、理想的な将来などを整理しよう。

・なりたい自分、理想の人物像（家族や友達からどのように評価されたいのかも含む）

・如何なる仕事に就きたいか。その仕事は、「なりたい自分」へと近づくためにあなた自身を成長させることが可能なものか。理由も含めて述べよ。

> ワーク3

現在の「参考」と将来なりたい自分とのギャップは何か。次の表で整理して答えよ。

	ギャップ	理想の自分になるには
自分自身		
長所		
短所		
その他		

3．過去と現在の取り組み

　就職活動で夢を叶えたい、あるいは、後悔をしたくないと考える学生の皆さんが最もとってはならない行動は、行き当たりばったりで就職活動を行うことである。「運よく志望先企業に入社できました(あるいは、入社できませんでした)」、と運任せに生きていくことは、自分の人生に対してあまりに無頓着であり、また、今まで抱いてきた夢や希望が運任せの行動によって壊されてしまうだろう。

　大学卒業後に就職希望の産業・企業・職種に就くには、雇用者から理想の産業人材・社員として認められるための取り組みを実施する必要がある。その取り組みの一例は、入社後に全社員が取得必須の資格や受験必須の検定試験への取り組みである。必要となる資格や検定を先んじて取得することは、採用側の企業にとって入社後に必要とされる基準を満たした人材であり、少なくともその点においては「万が一」(資格や検定の未取得)が起きない、という人材である。あなたが就職を希望する産業や企業にとって望ましい人物像を追求することは少しでも理想の社員像の条件を満たす行為である。夢で終わらせないために、そして、ただ座して結果を待つ姿勢で就職活動をして将来後悔しないためにも、入社後には取得必須の資格を取得するなどの取り組みに努めよう。適切な取り組みを計画的に実施することで着々と夢に近づいていくとともに、あ

なたが希望する産業・企業・職種を明確にすることが可能になるからである。

　計画を立てながら将来へ向けて取り組みを着実に進めていくには、現在の取り組みとともに過去積み重ねたものにも目を配ってそれらを活かしていこう。なぜならば、積み重ねてきたものがあなたを形成しているからだ。例えば、失敗したからこそ、それを前提として二度と失敗しないように夢に向かって新たな取り組みをしている、と言えるであろう。また、過去の経験から培った、大切にしている精神性があるならば、未来においても継続して大切に、且つ活かしていきたい、と考えるであろう。それらを明確に整理した上で将来に向かって進んでほしい。

ワーク4

　小学生以降の教育ステージ別に、あるいは教育ステージを横断して、弱みや取り組み、大切な経験などについて表ワーク4a及び表ワーク4bを使用して整理しよう。また、理想の将来像とのギャップを埋めることを考えるべく理想像の行を追加した。

表ワーク 4a: 過去の整理と現在の取り組み一覧表

教育ステージ	現実像（強み・弱みなど）	生徒・学生としての取り組み		その他(大切な経験、内面的な変化など)	
		授業	課外活動	教育ステージ別	横断的な内容
小学校					
中学校					
高校					
大学(現在)					
理想の将来像					

表ワーク 4b: ワーク 4a に書き込む各区分の内容

区分	内容
人物像	人からの人物評も含めた、あなた自身への客観的な評価。
教育	得意な科目、苦手な科目の記載。これらを並べて記載することで、あなたの関心や得意な科目に対する変遷を理解できる。
課外活動	学校の枠組みで提供されている部活やサークル(大学公認サークル)、大学非公認サークル、社会人サークル、地域・自治体・民間団体によって運営されるサークルでの活動)、習い事(勉強以外。楽器など)など。
その他	資格や記憶に残る経験、内面的な変化、譲れないものなどを記載。その推移などを確認してあなた自身の成長などを確認する。

4．「社会人基礎力」の再確認

　2024 年 8 月現在、大学におけるキャリア教育科目のシラバスにおいて、「社会人基礎力」という言葉を目にすることが多い。これは最近に始まったことではない。キャリア教育が大学教育に導入され始めた 2010 年代前半には、既に社会人基礎力という言葉が複数に及ぶ大学のキャリア教育の入門科目のシラバスには記載されていたと筆者は記憶している。この社会人基礎力は、経済産業省の取り組みに結びつく。経済産業省は、2006 年に「社会人基礎力」を提唱した上で、その延長線上にあるものとして 2017 年に「人生 100 年時代の社会人基礎力」と提唱した。後者は人生の長期化に伴い個人の企業・組織・社会との関わりも長くなった中でライフステージを生き抜くために提唱された。本書で用いる社会人基礎力は、この後者の社会人基礎力、それも、大学生から社会人となるライフステージで必要となる社会人基礎力に限定する。

　社会人基礎力は目新しいものではない。社会人基礎力は最初に提唱された 2006 年から変わらず、「前に踏み出す力」「考え抜く力」「チームで働く力」といった三つの能力とそれらを構成する十二の要素(主体性、はたらきかけ力、実行力、課題発見力、計画力、想像力、発信力、傾聴力、柔軟性、情況把握力、規律性、ストレスコントロール力)によって構成されている。

社会人基礎力：3つの力とその構成要素の組み合わせ

「前に踏み出す力」：主体性、はたらきかけ力、実行力
「考え抜く力」　　：課題発見力、計画力、想像力
「チームで働く力」：発信力、傾聴力、柔軟性、情況把握力、規律性、ストレスコントロール力

　大学のキャリア教育科目のいう「社会人基礎力」の意味を、経済産業省『「人生100年時代の社会人基礎力」説明資料』を利用して概観しよう(図 4-4-1)。

図 4-4-1：社会人基礎力の意味

社会人基礎力：将来社会に出て、職場や地域社会で多様な人々と仕事をしていくために必要な基礎的な力

3つの力の総合力
①前に踏み出す力、②考え抜く力、③チームで働く力

「前に踏み出す力」：ものごとに進んで 取り組んだり、他人に働きかけたり、目的をはっきりさせて行動する力

「考え抜く力」：　現状をよく考えて何が問題なのかをはっきりさせたり、その問題を解決するために計画を立てたり、新しい考え方や方法を考え出したりする力

「チームで働く力」：様々な人々とともに目標に向けて協力するための力
　　　　　　　　　→(具体的には)
　　　　　　　　　自分の意見を分かりやすく伝え、相手の意見をきちんと聞き、お互いの違いを分かり合うとともに、自分と周りの人々の関係を理解し、社会や人々との約束を守り、きびしく苦しい状態になってもそれに向かい合うことができるような力

(出所) 経済産業省『「人生100年時代の社会人基礎力」説明資料』の「「人生100年時代の社会人基礎力」について」記載のページ。

社会人基礎力を形作る3つの力と12の要素は、それらを一瞥しただけでも、今までの人生の中で、それも特別な訓練を必要とはせず日常生活や学校生活において培ってきたものとわかるであろう。3つの力についても、社会人基礎力として12の要素を意識的に3つに統合して用いなかっただけではないか。意識的に培わずとも社会人基礎力を用いることができるならば立派なことである。しかしながら、無意識な使用は、十分に力を発揮できないであろう。このため、当節では、ワークを通じて12の構成要素を社会人基礎として統合し方向づける作業に取り組んでもらう。

ワーク5

　要素一覧から該当する要素を○で囲った上で、要素を横断したエピソード、経験などを記入せよ。

力	要素	要素の説明	要素を横断したエピソード、経験など
前に踏み出す力（アクション）	主体性	物事に進んで取り組む力	
	働きかけ力	他人に働きかけ巻き込む力	
	実行力	目的を設定し確実に行動する力	
考え抜く力（シンキング）	課題発見力	現状を分析し目的や課題を明らかにする力	
	計画力	課題の解決に向けたプロセスを明らかにし準備する力	
	想像力	新しい価値を生み出す力	
チームで働く力（チームワーク）	発信力	自分の意見をわかりやすく伝える力	
	傾聴力	相手の意見を丁寧に聴く力	
	柔軟性	意見の違いや立場の違いを理解する力	
	情況把握力	自分と周囲の人々や物事との関係性を理解する力	

| | 規律性 | 社会のルールや人との約束を守る力 | |
| | ストレスコントロール力 | ストレスの発生源に対応する力 | |

(出所）経済産業省『「人生 100 年時代の社会人基礎力」説明資料』の「「人生 100 年時代の社会人基礎力」について」記載のページを利用して筆者作成。

ワーク6

3つの力がそれぞれ持つ要素を横断したエピソード、経験などを記載せよ。

力と要素	エピソード、経験など
記入例： 主体性、実行力(前に踏み出す力)＋計画力(考え抜く力)	

　なお、社会人基礎力は、それだけを培い活かすだけでは社会人となるには不十分である。あなたは、大学教育を受けた人材として期待されての内々定、そして卒業後には新入社員となる。このことは、社会人基礎力＋大学での学びを通して身につけた力と学修成果を入社後に活かせる人材である、ということだ。大学での学びを通して身につけた力と学修成果は、所属学部・学科・専攻のディプロマ・ポリシーに記載してある。確認願いたい。

引用文献一覧

経済産業省 ウェブページ「社会人基礎力」、https://www.meti.go.jp/policy/kisoryoku/、(2024 年 8 月 25 日閲覧)。

経済産業省 ウェブページ「社会人基礎力」内の「フリー素材」における PowerPoint ファイル『「人生 100 年時代の社会人基礎力」説明資料』(PowerPoint ファイル名：kisoryoku_PR.pptx)、https://www.meti.go.jp/policy/kisoryoku/ (2023 年 1 月 7 日閲覧)。※発行期日の記載なし。

第5章　社会との関わり

　人は社会を構成するとともに様々な「社会」に属していることから社会における皆さん自身のあり方を確認する。そのことで、自分の外部環境たる社会との関わりを含めて自分を顧みるきっかけを提供したい。

1．社会とは
　社会という言葉は多義的に用いているため、まずは社会の意味を明らかにしたい。本書はキャリア教育の入門書であり、社会そのものを突き詰めていく科目の教科書ではないため、広辞苑の内容でのみまとめ、筆者による言及も端的に留める。『広辞苑 第七版』では、社会を次のように定義している。

> ［近思録治法「郷民為社会」］(society の福地桜痴による訳語)
> ①人間が集まって共同生活を営む際に、人々の関係の総体が一つの輪郭をもって現れる場合の、その集団。諸集団の総和から成る包括的複合体をもいう。自然的に発生したものと、利害・目的などに基づいて人為的に作られたものとがある。家族・村落・ギルド・教会・会社・政党・階級・国家などが主要な形態。「―に貢献する」
> ②同類の仲間。「文筆家の―の常識」
> ③世の中。世間。家庭や学校に対して利害関心によって結びつく社会をいう。「―に出る」
> ④社会科の略。
>
> 　　　　　　　　　　　　　　　　　　　　　　　　（『広辞苑 第七版』、p.1,349)

　本書は、社会を①、②、③の意味で捉える。④を除外することは言うまでもない。①、②、③の意味を整理しながらあらためて社会を説明すると次のとおりである。①

「人間が集まって共同生活を営む際に、人々の関係の総体が一つの輪郭をもって現れる場合の、その集団。諸集団の総和から成る包括的複合体をいう。」(同、p.1,349)という意味から、人間が形成する集団内で形成する社会を指す。②については、「同類の仲間」と言う点で、共同生活の営み以外で紡ぎ出される同質の性質を共通点に持って意図的に活動する人間集団を、社会としての意味合いで捉える。③については、家庭や学校に対比する存在としての社会「世の中。世間。利害関心によって結びつく社会」(同、p.1,349)であり、大学を卒業して社会(世の中、世間)に出る、という意味で使われる。人間集団としての性質に焦点を当てた①の意味の中にある「利害・目的などに基づいて人為的に作られたもの」(同、p.1,349)と同様に捉えることができる。

　これらを踏まえ、本書で使う「社会」は、人間集団としての性質から語るため、人間の活動において自然発生的あるいは人工的に形成される同質の性質を持つ人間集団、という言葉で集約できるだろう。社会という言葉の多義的な使用だけではなく、様々な集団や仲間といった「社会」が同時に併存している。家庭、学校、企業(アルバイト)、趣味仲間など、1つの社会でだけではなく複数の社会が同時に存在しており、人はそれぞれに役割を果たしている。このことから、自身の過去を整理することだけで自らを顧みるのではなく、社会との関わりから自らを顧みることも重要である。

2．社会との関わり

　「社会」は人との関わりの意味において、つながりだけではなく、競争も存在することにも目を配ってほしい。あなたが公務員となって市民サービスを提供することで「人の役に立ちたい」、「社会に寄与したい」、と考えたとしよう。確かに、そこには社会との関わりにおける自分の立ち位置がある。その一方で、社会には競争が存在する。自治体間での競争、同僚とアイデアを出し合った場合のその採用による優劣、そして何よりも公務員試験に合格しなくてはならない。特に公務員試験ではあなたが納得するまで試験対策をし尽くした、というだけでは合格はしない。あなたを上回る得点をあげた受験生が合格者数以上存在すれば、あなたは残念ながら合格できない。その他の例として、同類の仲間という意味での社会であっても競い合う面もあるだろうし、家庭や学校に対比しての社会の意であれば、その社会には競争の性質も含まれて

いるだろう。取り上げる「社会」次第ではあるが、その「社会」を考えるときにはそこには競争があるのか、そして競争がどのような面で働くのかを理解しよう。その一方で、競争への積極的な姿勢を示唆しているのではない。他者もあなたと同様に人間であり、大切なものや譲れないものを抱えている。人間が社会を形成するからこそ、物事次第では尊重したり協力したり譲り合うことも必要である。物事によって競争することか否かをしっかりと判断できるバランスの良い人間になってほしい。

　このことを踏まえて、学生としてのあなたが様々な社会で果たす役割をいくつか具体的に記述していきたい。学生の皆さんは、家庭の成員としてのあり方から考えると、成人したとはいえ自身で生計を立てている学生は少ないのではないか。成人後も保護者の庇護の下、学生期間は精神的にも物理的にも保護を受ける立場にあるのではないか。また、兄弟姉妹がいれば、その中での立場によって、兄や姉として弟や妹を教導する役割もあろうし、弟や妹であれば、兄や姉に何かしら依存する面もあろう。家庭における日常生活レベルでの役割(分担)という点において、保護者から教育の一環として土日の昼食の調理、家の一部の掃除、曜日によっては保護者の代わりに食材の買い出し、などを任されることが考えられる。

　学生である皆さんは、他の「社会」にも所属している。次にサークルの例を見ていこう。大学におけるサークルもまた、特定の共通点を持ち、それについて活動を行うための集団である。その中で、あなたの役割は何であろうか。体育会系サークルであれ、文化会系サークルであれ、部長(サークル長、主将)やその立場を支える副部長(副サークル長、副主将)、そしてイベント、広報、渉外など、サークルによって異なるが上級生が役割を分担して担う役職などがあろう。あなたが部長でサークルとして学園祭で屋台を出す場合、イベント担当の執行部メンバーに企画運営を任せつつ、サークルの全メンバーを屋台への取り組みに向けさせるように促す役割を担うであろう。

　家族とサークルの例だけではなく、学生の皆さんは複数の「社会」に属している。例えば、大学(学生として)、企業(アルバイトとして)、地域社会(祭りが盛んな地の出身であれば、地縁に基づいた集団の一員として：例、岸和田のだんじりにおける町会、徳島の阿波踊りにおける連)などがある。次のワークを通じ、あなたが所属する社会とそこでの役割を整理することであなたと社会の関わりを再認識してほしい。

ワーク1

あなたが所属する「社会」を3つほど取り上げ、それら「社会」においてあなたが担う役割を第三者に分かるように丁寧に説明せよ。

「社会」の名称	あなたの役割

引用文献一覧

(辞典)

新村出編(2018)『広辞苑 第七版』、岩波書店。

第6章　社会人になるための心構えⅠ
－ 仕事に対する姿勢 －

　本章と続く第7章では、社会に出て企業に勤めて以降、皆さんが取るべき姿勢(仕事に対する姿勢、組織人・社会人としての姿勢)について学ぶ。そのうち、入社後に会社の一員として会社組織に受け入れられるためには、仕事に対する姿勢に気をつけるべきであることを、「組織社会化」の視点から学ぶ。

1. 仕事に対する姿勢

　「入社した＝組織の一員となった」わけではない。つまり、組織の新規参入者たる新入社員も自ら組織に溶け込むとともに仕事への取り組みを認められるよう努力する必要がある。大学卒業後、第一志望の企業や当初志望していた企業のいずれかに入社できたかどうかはさておき、新卒で1年目の社員として入社した企業で自分自身の仕事ぶりを想像してほしい。あなたは担当部署で戦力として受け入れられるために積極的に仕事を覚えていくことだろう。配属部署において役割に適応し、「○○さんは、当部署でどの点から貢献できる、なんの点で経験もあることから即戦力として使えそうである」、と職場で良い評価を得、戦力として認められるポジションを得てこそ組織の一員として認められるのである。同じ社員であり、同じ部署の同僚であっても「戦力外」と見做された場合には、一人前として認められていないことになる。そのままの状況で2年、3年と長期に渡って過ごしていくのであれば、所属部署の同僚は「部署に負担をかける人物」としてや担当した仕事の出来を信用せず、あなたの意見やあなた自身を軽んじることは想像にできるであろう。他部署へと移動の際にはその評価を主たる理由として配属先が決められる。

　部署の同僚らによるこのような姿勢は、あなたを部署という名の「チーム」の一員と見做していないことを示している。また、あなた自身も戦力として頼りにされないことや発言力が弱いということを実感することになるだろう。新卒者であろうとベテ

ラン社員であろうと新たに所属部署に新たに配属されたら戦力になる人物であることをいずれはアピールしなくてはならず、また、間違っても「お荷物」と認識されないように立ち回ろうとするであろう。会社・仕事はその人がいなくても動いている。仕事を通じて組織に貢献できるかアピールする必要がある。

　こういったことに陥らないために、本書では、仕事への積極的な姿勢を通じて組織に溶け込むこと、具体的には1）積極的に仕事に励み、そのことで組織に溶け込む努力をする、といった仕事への姿勢を保持し続けること、そして、2）組織社会化を通じて積極的に組織の一員となること、を提案したい。

　一点目「積極的に仕事に励み、そのことで組織に溶け込む努力をする、といった仕事への姿勢を保持し続けること」については、会社組織とそこでの分業への理解から説明したい。会社という経営組織は、「二人以上の人々による意識的に調整された活動や諸力の体系(Bernard 1938年、73頁[訳76頁])」である。あなたが持つ役割や仕事へのモチベーションに関係なく、協業が行われるとともに組織は定められたスケジュールの中で製品やサービスを生産している。組織全体や担当部署では、仕事が共通の言語であり、分担された仕事が集まって統合されたものが製品やサービスとして顧客に提供される。このため、確実に与えられた役割を担い、仕事に従事していくことは基本的なことである。仕事で戦力とならない場合には、それなりの職能しか持ち合わせない人物とみなされるのである。実際に、研修の機会の有無や職能等級など、制度によってあなたの能力は可視化されている。配属部署で仕事ができないと評価された場合、制度によってもあなたの能力が評価され、その制度による評価がまた部署での評価につながるであろう。

　また、仕事に対する消極的な姿勢は、ビジネスの世界で次から次へと生じる仕事に対して対応するために新たな知識を身につけるなど、積極的な姿勢が必要な事態に対応できないことが考えられる。また、消極的な姿勢は担当部署における士気に影響する。担当部署においてともに働いていく同僚として、そして戦力として認められていくには、積極的に仕事に関する知識やスキルを吸収し、チームの士気を高め、チームの一員として自分に与えられた役割や仕事を滞りなく務めることが重要である。仮にあなたの配属先があなたの選好とマッチングしていないとしても、大きく譲歩して組

織の一員として積極的に仕事をしていくことが望まれる。

二点目「2)組織社会化を通じて積極的に組織の一員となること」について、論じていきたい。組織社会化とは、「組織への新規メンバーが組織構成員となるために必要な社会的な知識や技能を得、組織に適応して成員となっていくプロセス」(Van Maanen and Schein, 1979, p. 211)のことである。知識とは、言うなれば、規範・価値観・行動様式などであり、技能とは職務のスキルを指す。組織社会化は、新入社員から企業に、または企業から新規参入者に、と双方ともに他方へと働きかける。新入社員からの組織社会化を見てみよう。入社前は、日常生活では敬語を使う機会は限られていたが、入社後は敬語を使うようになる。仕事場において、上司や先輩の仕事を見ながら効率よく仕事ができるよう真似る。このように所属する会社組織の一員に理想の姿を追い求めてそのように振る舞う。まさに組織社会化の1ケースである。

会社からの組織社会化は、上司や先輩による新人指導などの OJT(On-the-Job Training)、新人研修に代表される Off-JT(Off-the Job Training)やメンター制度などから新入社員に組織の一員であることを認識させて仕事に従事させることで生産性向上を図る。他の社員と協力して効率よく仕事に取り組むには、組織の一員と認識して働いてもらう必要があるからである。基本的には会社は分業して仕事に取り組んでいるからである(専門職などの例外はある)。自社の人材を育てるためにも自身の役割を強く認識させ、自社、市場、産業で仕事をしていく上で関連する知識(例えば商慣習)や技能(例えば firm specific skills)を向上させることは重要なことである。

組織社会化の点からも、企業からだけではなく社員皆さんからも行うことが期待されるのである。

Point: 組織社会化の過程

新人社員に対する取り組み:
- 敬語の使用、上司や先輩の仕事を見ながら学び、真似るなど
- 会社による取り組み: OJT(職場での上司や先輩による新入社員への指導)、Off-JT (新入社員研修)、 メンター制度

引用文献一覧

（英語文献）

Van Maanen, John. and Eastin H. Schein (1979), "Toward A Theory of Organizational Socialization," in Staw, B. M(eds.), Research In Organizational Behavior, JAI Press Inc. pp.209-264.

Bernard, Chester I. (1938) The Functions of the Executive, Harvard University Press.［邦訳：山本安次郎・田杉競・飯野春樹訳(1968)『新訳 経営者の役割』ダイヤモンド社。］

第7章　社会人になるための心構えⅡ
－ 組織人・社会人としての姿勢 －

　今までの章でキャリアに関する知識と考え方について言及し、さらに第6章で社会人になるための心構えの前半部分について及してきた。本章では、そのもう一つの論点である、社会に出て企業に勤めて以降、皆さんが取るべき姿勢(組織人・社会人としての姿勢)について学ぶ。ここでは、組織人・社会人として組織のルールのみならず社会のルールをも遵守することの重要さを、各種事例と解説を交えて学ぶ。

1. 組織人・社会人としての姿勢
　第6章において仕事に対する姿勢を組織社会化の視点をも含めて学んだ。皆さんが組織の一員として受け入れられるには、組織に適応するための行動を取る必要がある。組織に適応していくプロセスの中で就業規則や社会のルールなど遵守すべきルールがある。それらルールを遵守することによって会社の同僚や先輩から信頼を得ることができる。学生である皆さんは、就業規範や社会のルールなどという言葉を耳にすると、どこか遠い国の話のように感じるかもしれないが、同様の話として、「SNS上での炎上」がある。SNS(Social Networks)での炎上などでは、不注意による行動によって一瞬にして当事者の人生を棒に振ってしまうことがある。不注意な行動で外部に業務上知り得た情報を漏洩させてしまったとする(情報漏洩)。それらの情報の多くは守秘義務を課されており、あなたの行為によって許可なく外部に知らせることとなる。情報漏洩の当事者となった場合、いかなる理由やいかなる姿勢によってもたらされたものであろうとあなたの身に降りかかる結末が想像できよう。また、あなたがとった行動は、ルールの遵守だけではなく、道徳的に理に適う必要がある。例えば、SNSの炎上などは、法を遵守しつつも炎上したケースが見られる。悪意がないSNS上でのコメントであっても人格に関わることであったために当事者や第三者から悪意あるコメントとして捉えられて炎上するケースなどがこれに該当する。このため、会社

の規定どおりに行動したとしても時には道徳的観念からも正しい意思決定が必要である。

続く2つの項では、社会人として遵守すべきこととして法律、就業規則、道徳原理などに沿った行動を取り上げて学ぶことにする。

（1） 就業規則と法律の遵守のケース

本項では、仕事における就業規則と法律の遵守について、分かりやすく簡単なケースを2例取り上げて見ていく。

①「営業活動による他企業訪問のため、自社からバスと電車を乗り継いで移動する予定であった。しかし、バス停にてバスの到着時間が遅いことがわかった。このため、電車の駅までは歩いていける距離と判断して駅まで歩き、乗り物は電車のみを使用した。後日の経費精算にて、バス料金も含めた金額を交通費として会社に請求した。」

解説：当ケースは交通費の不正に当てはまる。交通費は実費精算となるのでバス料金を請求すべきでない。業務上横領罪(刑法253条)が適用でき、10年以下の懲役刑が課される。

細かいように感じるけど、会社に嘘をついてお金を貰ったのであれば犯罪ですね。懲戒解雇もあり得る怖い事例ですね！

②「会社の経費で購入したボールペン1本を、私用のため家に持ち帰って使用した。会社の印刷室にあったコピー用紙1枚を、仕事ではなく私用で使用した。また、会社で貸与されているコンピューターから、仕事とは全く関係ないウェブサイトを見た。」

解説：業務上横領罪の適用ケースとなる可能性がある。ボールペン1本でも会社が購入した資産である。それを許可なく私物化して良いという考え方は通用しない。また、私的な目的によるコピー用紙の使用やウェブサイトの閲覧も、会社の費用負担であるために同様の結果をもたらす。これらの行動を含め、社員の行動を一つ一つ確認する企業は少ないであろう。しかし、度々あなたが備品の横領や私用によるウェブサイトの閲覧を行っていると分かれば、会社はあなたのことをどのように考えるのかが想像がつくであろう。

先ほどはお金だったけど、今回は備品。確かに小さなものでも会社のものだと分かれば気軽に持って行ってはだめですよね。

　上記2ケース(実態とは異なる経費申請や備品・消耗品の私物化)は、所属機関から見ると犯罪行為のみならず服務規律違反に該当する。企業では社員に就業規則を通じて服務規律の遵守を課している。また、企業は賃金の対価として労働力を得ており、それがために、服務規律では勤務時間には職務専念の義務を謳っている。ケース②のネット閲覧のように勤務時間にとった業務以外の行為は職務専念義務違反で懲戒処分の可能性もある。仕事中の私用
電話、株取引、長時間の離席なども該当する行為である。

　会社毎に社内規定や法令遵守の考え方が存在する。大学卒業後に企業に勤める場合は、社内規定に目を通し、そして関連法令の遵守に対する所属企業の考え方を把握しよう。加えて、仕事におけるあなたの行動は、社内規定、法令遵守はもちろんのこと、

道徳原理に基づくかを確認しよう。法令遵守については、法を犯した場合にはその対象者によって各々の責任が異なる。第6章で登場した「上司」、「先輩」、「同僚」を例にすると、それぞれ異なる権限と責務が与えられているからである。

また、組織内の小さなルールであっても違反を繰り返すと、それらが累積してあなたの評判となるとともに、違反が発覚した時点でそれら一つ一つが精査されるとともに累積した上であなたの処分を課すことも有り得る。このため、小さなルール違反の繰り返しが大事となるケースが多々ある。常日頃の行動に気をつけてほしい。

(2) 就業規則遵守のケース

SNSの使用は、誰でも簡単に利用できる身近な存在になった。その一方で、SNSはその使用次第では、勤務時間外での使用であっても所属企業から処分される。SNSにおける「炎上」が、その代表的なケースの一つである。「SNS炎上」の件数が年々増加傾向にある。「炎上」した会社は当然何らかの被害が生じる。企業が巻き込まれた「炎上」ケースでは就業規則が関係することが多い。このため、同規則への理解を深めたい。

就業規則とは、雇用する労働者(本書では従業員と同義語として扱う)に労働条件を提示したルールである。従業員による就業規則の遵守のケースでは主に、同規則の構成要素の1つである服務規律の遵守を指す。服務規律の内容は会社によって異なるが、共通する項目が存在する。例えば、上述した就業時間や交通費に関する規則などがそれである。

SNSは、あなたの使用次第で所属する会社の就業規則に抵触するケースがある。あなたがSNS上の投稿によって「炎上」させたとしよう。その投稿内容が意図的に特定人物や団体を誹謗中傷するものではなかったとする。しかしながら、それを閲覧した当該人物や団体、あるいは全く関係のない第三者があなたの投稿を誹謗中傷の類であると評価すれば、投稿内容によって名誉棄損罪、侮辱罪、業務妨害罪、脅迫罪、殺人ほう助罪、自殺ほう助罪など「該当する」法律が適用される可能性がある。勤務時間外での私的な行為ではあるが、会社の一員として不相応な行動であり、会社の名誉や信頼・信用を傷つける行為をとったとみなされる。総じて会社の一員としては不

相応として会社からの処分をもたらす。

　誹謗中傷と捉えられるケース以外での勤務時間外でのSNS利用による所属企業からの名誉毀損、信用失墜を理由とした処分のケースは、プライバシーの侵害、肖像権侵害、音楽や動画などの著作権侵害などが挙げられよう。法律を犯す事なくSNSを利用していると思ってはいても、このようなことに抵触する行為に該当することがあるかもしれない。

　また、SNSのケースに限らず、勤務時間外でのインターネットの利用であなたの意思に関わらず会社に損害を与えるケースも存在する。例えば、ウイルス感染による顧客データ漏洩とそれに伴う個人情報の流出、である。

　このように、社会人としてルールを遵守しつつも問題が生ずることがある。社会人として自らが置かれた立場を理解し、自身が勤務時間外に使用する機器やネットなど私的な面でも十分な知識を持って生きていくことが重要である。

ワーク1

　あなたがSNS使用によって炎上した場合に想定できること、それによって会社で起きること、これらを200字から300字でまとめよ。

```
------------------------------------------------
------------------------------------------------
------------------------------------------------
------------------------------------------------
------------------------------------------------
------------------------------------------------
------------------------------------------------
------------------------------------------------
```

　上述したように従業員による私的なSNSの利用であろうと近年のSNSの「炎上」が会社の業績などに影響を与え、従業員を処分するケースが見受けられる。このようなケースの法的背景を捉えていきたい。この法的根拠は、判例によると、信義誠実の

原則(信義則)（民法1条2項「権利の行使及び義務の履行は、信義に従い誠実に行わなければならない。」）に基づいて会社の従業員に対する損害賠償責任を制限するのが通例である。同原則とはつまり、「権利の行使及び義務の履行をするのについて社会生活を営む以上に要求される規範」（『新法律学辞典(第三版)』、p.776)である。つまり、権利者と義務者は、相互に、一般に期待される信頼を裏切らないように誠実に行動すべきである、ということである。この信義誠実の法則に基づき、SNSの私的利用による従業員処分のケースを解説すると、会社が被った損害全額を支払う義務はない。その理由は次のとおりである。従業員がSNSによって、会社の秘密情報や顧客の情報を漏洩させたことは、会社との間では、労働契約上の義務に違反する。それによる会社に損害をあたえた場合は、契約違反として損害賠償責任を負う。ただし、従業員のミスは、雇用した会社の責任もあるとの解釈がされるため、従業員が会社に対し、損害賠償債務を負うことはない

　社会人になるにあたってのルールを遵守することの重要性について述べてきた。一般的には、学生時代における過失やミスは、成人ではあるけれども社会に出る前に準備をする立場の者が起こしたこととして情状酌量される傾向がある。しかし、社会人になれば、会社における責任問題にまで発展する。しかし、その後のキャリアに悪影響を与えてしまう。今一度、法の遵守を考えてほしい。

　また、会社には就業時間以外でも従業員に対して「勤務時間のみならず常に守らなければならない義務がある」という信用失墜行為の禁止（万引き、盗撮、飲酒運転など）というルールが存在する。

引用文献一覧

（辞典）

竹内昭夫、松尾浩也　塩野宏編集代表(1989)『新法律学辞典（第三版）』、有斐閣。

第8章　就きたい職業を見つけよう

　皆さんが働くことを希望する産業、企業、職種、仕事内容について、個人の選好 (preference) からだけではなく、それらの将来性をも考慮してほしい。本章では、産業、企業、職種に絞って考えていきたい。(参考: 第2章)

1. 就きたい職業を見つけよう

　就職活動に当たって、各大学で開講されているキャリア教育科目の履修をきっかけに、志望する産業、企業、職種、仕事内容などを定め、就職へと確かな一歩を踏み出していくことであろう。皆さんが特定の産業、企業、職種、仕事内容などへの志望を明確にすることは、就職活動を計画的に進める上で大変好ましいことではある。そうであるからこそ、それらの「志望」を、個人の選好からだけではなく、それらの将来性をも考慮して定めてほしい。それらは、20年後、30年後、さらにはあなたが定年するときも変わらず世の中で同様の需要を得て安定した存在で居続けるのであろうか。また、第2章で触れたように、近年、コンピューターによる自動化可能性の高まりと職業に関する研究が注目され、それによると、無くなる可能性が高いと言われる職業、また、無くならない可能性が高いと言われる職業が存在する。その背景も踏まえて考えてほしい。

　皆さんにとっての常識は、他の世代にとっての常識ではないものもある。現在、キャリア教育の入門科目を各大学で受講している学生の皆さんは、2000年代になって生まれた方が多くを占めているであろう。皆さんの誕生時にはコンピューターが一般家庭に普及し、インターネットのコンテンツも充実してきた時期である。スマートフォンも2000年代後半から普及し、今では日常生活では手放せない機器の位置付けを占めている。スマートフォンは、教育に必要なものとして皆さんに利用を強制したものではなく、皆さんの成長とともに気づいたらそばにあり、利用しているものとなった。皆さんの側からしても、スマートフォンの使用には抵抗がなく、利用することはとて

も自然で当たり前のものなのであろう。2010年代に入ってからは大学入学当初はパソコンを使用せずにスマートフォンでレポートを書く大学生が見られるようになり、今ではそれが当たり前のように感じている学生の皆さんも多いようである。しかしながら、皆さんの親、親戚、更には人生の先輩に当たる方々は、少し前の時代に生徒・学生時代を送っているが、その時、彼ら彼女らの傍らにはスマートフォンがあることがなかったか、自然ではなかった状況であった。世代によってはコンピューターも一般家庭で普及しておらず、企業が購入する計算機としての役割を担っていた。また、これから20年先に生まれてくる子ども達の目には、スマートフォンは、当たり前のものであろうか、それとも「旧時代の機械」になるのであろうか。そのようなことは言われなくとも分かっていることではある。しかし、分かっていながら、機器の進化と顧客ニーズの推移のように、(それらの進化や推移を受けて)仕事もいずれはなくなっていくものがあることを就職活動時には、思い浮かばない、あるいは理解できない学生は多いのではないだろうか。例えば、技術革新によって、スマートフォンは未来においては他のものに置き換えられていく。企業は自身が抱える事情によって人が行う仕事を機械が行うように、人から機械へと置き換えていくといったことは容易に考えられるであろう。このような流れを日本では人口減少が後押しする。人口減少による就労人口の減少が生じる。企業は労働力不足解消のためにコンピューターテクノロジーによって人間と同じ仕事ができる場合には、その仕事はコンピューター化されることによって担い先が人間から機械へと代替されていく。そして、実際に、産業界では、仕事への従事が人間から機械へと代替、つまり「自動化」の職業の範囲は拡大している。

　また、時代の推移に適応しての「志望」以外に、将来性を考えなかった結果、能力、知識、スキルの陳腐化と応用の困難さが生じることにも着目してほしい。実際に志望する産業、企業、職種、仕事内容に従事できたとしても、それらが20年後、30年後、あるいは定年まで存在しているとは限らない。その場合は、あなたが積み重ねてきた能力、知識、スキルは、他の産業、企業、職種、仕事内容でも応用できるのであろうか。そうであるからこそ、能力、知識、スキルの陳腐化と応用の困難さからも「将来性」を深慮すべきである。

ワーク1

就きたい職業の候補を挙げよ。そして、それらの職業の将来性を考えてみよう。

「社会」の名称	あなたの役割
	....
	....
	....

第9章　志望企業の選定 I

　本章から始まる3つの章(第9章、第10章、第11章)において、皆さんには志望企業の選定に取り組んでもらう。企業選定には、会計情報や特筆すべき企業情報を利用することが好ましい。本章では、そのために、簡単な貸借対照表と損益計算書の見方を容易にする「利益の種類」を学ぶ。この知識を踏まえて次章で『会社四季報』、有価証券報告書、アニュアルレポートを取り上げ、うち『会社四季報』の決算書を分析する。企業情報が自分分析できれば、志望先企業への理解の促進と志望理由の深化にもつながる。

1．貸借対照表の見方

　決算書には財務諸表(主に貸借対照表や損益計算書)掲載されている。その見方については、財務諸表は企業の利益を計算しやすいように人工的に割り振って作られている。

　本章では財務諸表の主なものである、貸借対照表(Balance Sheet：B/S)(図9-1参照)、損益計算書(Profit and Loss Statement：P/L)の見方を容易にするための「利益の種類」(図9-2参照)を説明する。まず本節では前者を取り扱う。B/Sは、会社の財政状態を示すもので、記載内容は会社の資産(お金や土地など)、負債(借金など)、純資産(資本金)の3つに大きく分類される。

　資産の部のうち、流動資産は現金化しやすく、固定資産は現金化しにくいもの(土地など)を指す。流動資産と固定資産の区切りは1年以内に現金化できるか否かで区分する。会社が倒産するのは大体資金不足により債務超過で倒産することが多い。不測の事態に会社が陥った時に、現金が必要になる場合を想定できるであろうか。現金にすぐ換金できる資産が多ければすぐに支払いできると気が付くであろう。

　負債の部の流動負債と固定負債のうち、流動負債は1年以内の返済を要し、固定負債は返済義務があるが1年以内に返済不要なお金、である。

純資産とは自己資金を指す。

図 9-1: 貸借対照表

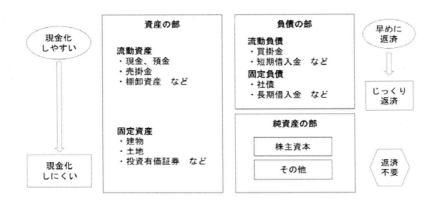

(出所) 佐伯、2011、p.67「図 貸借対照表について」を筆者加筆。

次に、イメージから貸借対照表を読み解く。図 9-1 の左側には会社の財産、右側にあるものはその元手を記載する。次に、各々を人、特に資産家に喩えてみていく。

図 9-1 左側に記載の各資産は、人に自慢したい現金や土地、建物、備品、権利などが現金化しやすい順に並んでいる。これら資産はあらゆる事業環境への備えなるものであり、置かれる環境によっては資産の種類や量がどの程度あれば大丈夫か推測可能となる。

図 9-1 右上に掲載されるのは負債である。人に見せたくないもの、つまり借金や義務(買掛金など、未払いだが払う義務のあるもの)を記入する。負債の借入金は、会社の財源の元手を銀行などから調達したものである。

２．損益計算書の見方のための「利益の種類」

損益計算書記載の企業の利益には複数の種類が存在する(図 9-2 参照)。企業利益の構造は単純なのでこの機会に理解してほしい。

基本的には

　　　　収益（売上など）　－　**費用**（かかった経費など）　＝　**利益**
　　　　　　　　　　　　　　　　　　　　　　ということである。

その簡単な構造の中にもう少し複雑にした利益の考え方がある。（図 9-2 参照）

図 9-2：利益の種類

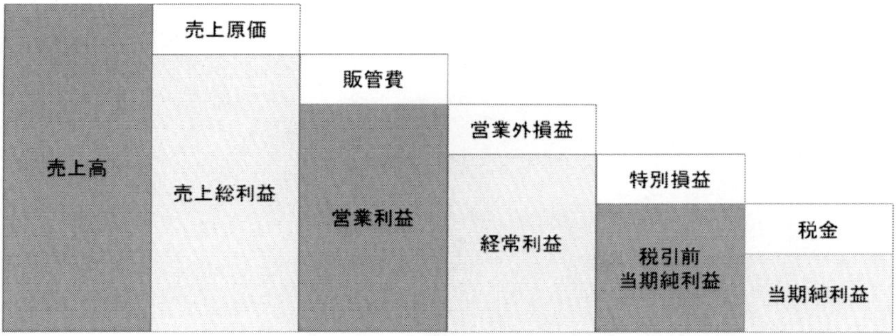

(出所) 筆者作成

まず、売上高－売上原価(作るために直接使った費用)を**売上総利益**といい、一般的に「粗利(あらり)」という。その売上総利益－販売費及び一般管理費(売るために間接的にかかる費用[販管費ともいう])を**営業利益**といい本業での儲けを意味する。次に、その営業外収益(受け取った利息など)－営業外費用(支払った利息など)を足したものを**経常利益**という。そこに、特別利益(土地や株を売った利益)－特別損失(災害などでの損失)を引いたものに足すと**税引前当期純利益**、今まで計算した利益から法人税・住民税などを引くと**当期純利益**という。これらの過程を図 9-2 で確認されたい。なお、

前節で取り上げた P/L は収益－費用で利益がでると説明をしたが、利益の種類は一つだけではないことに注意してほしい。以下に、各利益の内容を詳細に記述する。

売上総利益

売上高から売上原価を引いたものを指す。なお、売上原価とは「売れた商品の中の仕入れた原価」である。売れ残った材料は来期に使用することになる。その売れ残った材料は今期の仕入れに含めて今期の売上原価には含めない。

営業利益

本業での儲けを表し、売上総利益から売るためのコストを引いたものである。製品は製造しただけでは売れず、広告活動や営業活動、それらにかかる交通費、営業・人事・総務等の給料、事務所、パソコンなどの備品のようなものをまとめて販売費及び一般管理費(販管費ともいう)という。つまり、顧客に製品を売るまでに、間接的にかかる費用である。売上総利益－販売費及び一般管理費＝営業利益となる。この数字は、本業の儲けを表す最も重要な利益の一つである。

経常利益

経常利益とは「ケイツネ」とも呼ばれ、財務活動まで含んだ利益のことである。財務活動とは、余ったお金の運用で利息が増えたり、株や債券の配当や利払いでの損益を足して引いたものである。つまり、本業以外での収入を営業外収入といい、本業以外での支出を営業外費用という。まとめると、本業での儲けに加えて、日々の財務活動での損益まで加味した利益である。

税引前当期純利益

一時的要因(毎年ではなくその年に予想外の出来事)で生じた利益(特別利益)と、一時的な要因で被った損失(特別損失)まで含めて計算したものを税引前当期純利益という。税引前当期純利益＝経常利益＋特別利益－特別損失となる。所有している土地や工場を会社の利益のために売却をしたり、事業のリストラや取引先の倒産による代金

回収ができなかったときの損失を加味したものである。

当期純利益

　当期純利益＝税引前当期純利益－法人税などの税金である。売上高から売上原価、販管費、営業外損益、特別利益を引いてきた数字から更に税金を引くことで企業の最終的な利益となる。税金は利益に対して税率をかけるため、この数字が赤字であれば、利益はなく税金は0円となる。税引前当期純利益がプラスであればそれに法人税の税率をかけたものが税金となる。そして、税金を引いたものが当期純利益である。税率はその時の国の政策で変わる。税率は、資本金や公益法人、普通法人などは利益が年800万円以下の部分は15％の税率、それ以上は23.2％の税率がかかり(令和6年4月現在)、そのほかにも各種法人によって全く違う税率となる。ここでは省略する。

ワーク1

　企業のホームページの財務状況などに掲載している自分の知っている企業（志望している企業でもよい）の貸借対照表と損益計算書をインターネットなどで調べてみよう。そこからわかったことを200字から300字でまとめよ。

引用文献一覧

佐伯良隆(2011)『知識ゼロでも2時間で決算書が読めるようになる！』、高橋書店。

第10章　志望企業の選定Ⅱ

　本章では、前章で学んだ貸借対照表と損益計算書の見方を利用して、四季報や有価証券報告書、アニュアルレポートなど企業の情報を得るのに有用な資料の解説とその読み方を学ぶ。なお、就職活動時に志望企業から志望動機が必ず聞かれる。志望動機を自分の言葉で伝えて企業を説得するには志望企業の分析が前提となる。企業分析をこの点からも活かすことができるであろう。

1. 選定材料となる資料の概要
（1）『会社四季報』
　日本の株式市場に上場する全て企業の詳細を提供する投資雑誌であり、東洋経済新報社から年4回発行される。同誌の情報は、網羅性と継続性における長年の蓄積が特徴である。冊子での提供以外にオンライン版も存在するので両方を活用してほしい。その反面、非上場企業が多い中小企業の掲載が少ない。一部の中小企業に限られるが別冊の『就職四季報』のうち、優良中小企業版や未上場会社版などを利用して様々な情報を入手してほしい。『会社四季報』には、企業の所在地、設立、株価、財務情報、過去数年分の売上高比較、収益構成、今後の見通しなどが掲載されており（東洋経済新報社編、2022）、企業の概要を簡潔に捉えることが可能である。

（2）有価証券報告書
　有価証券報告書は、金融商品取引法において、証券市場を監督する金融庁が株式などの有価証券を発行する企業に対して開示を義務付けている法定開示書類である。年に一度、上場企業は有価証券報告書の作成を義務付けられている。事業年度終了後から3ヵ月以内に提出することが定められている。提出形式や記載項目は決められており、監査法人や公認会計士による監査も必要となる書類である。黒によるモノクロでの印刷であり、写真は掲載されないことも特徴の一つである。

有価証券報告書は、投資家保護の観点から企業外部に位置付けられる投資家が投資に必要な情報を得るために監督省庁(金融庁)が定めた書式に基づいて上場企業が漏れなく情報を開示した書類である。また、統一した様式によって投資先企業の比較が容易になる。もしも各社違う様式で同報告書が作成されると基準が違ったり、読みにくかったり、企業に都合の良い情報のみ掲載するため、投資家に対して不利益が生ずるからである。企業から提供される一次資料であることから、投資に限らず企業分析に有用である。

(3) アニュアルレポート

アニュアルレポート(Annual Report)は、上場企業が投資家に投資判断を促すことを目的とした情報公開の一環として作成するIRツールのひとつである。「年次報告書」とも呼ばれ、財務情報とともに、経営トップのメッセージや実施した事業の紹介などをまとめたものである。同レポートの特徴は、開示自由、形式自由、監査不要という点であり、多色刷り写真入りで人目を惹き、見やすくわかりやすいように工夫されている。

(4) その他

日本経済新聞電子版の企業情報コーナーである「日経会社情報DIGITAL」も企業情報を探すのに利用できる(日本経済新聞、ウェブページ)、また、優良企業の探し方として、公的機関によって発信される情報(PDFファイルやウェブページ)が存在する。例えば、『「はばたく中小企業・小規模事業者300社」・「はばたく商店街30選」2021』(経済産業省中小企業庁、2021)がPDFファイルで、また、大阪の元気企業(ものづくりビジネスセンター大阪、2022)の企業検索などがある。

2. 『会社四季報』の読み方

『会社四季報』で確認できるものとして、図10-2-1での⑪株価チャートがある。株価はこれからの予想を反映している。株価が上がれば、当該企業が何らかプラス要因を抱えている可能性をも情報として読み取れる

『会社四季報』では、その企業の業績予想とその根拠が記載されている。予想のために未確定事項ではあるが、例えば、その企業が如何なる理由で好調なのか、株価下落の原因がわかるため投資家各自の意思決定が可能になる。また、前章で学習した利益の種類を解説しているため、前章を利用しながら『会社四季報』を活用してほしい。後述するが、業績予測の記事の中にはキーワードが存在し、見出しに「絶好調」「急回復」「最高益」「増額」のような企業の状況を表すキーワードが存在する。その業界の会社比較や従業員数・平均年齢・平均年収などが記載されているため、志望企業の理解が深まるはずである。

　『会社四季報』の構成を理解するために、赤い枠線で12ブロックに分けた(図10-2-1参照)(会社四季報編、2020、p.19)。企業の特徴（①業種、②社名・本社住所等)、企業の主な所有者、（⑦株主）、経営を任された者（⑧役員・連結会社）の記載がある。続けて業績とそれに関する項目、つまりは、短期・中期業績（③記事、④業績数字）、前号の比較、会社予想比の利益修正率（⑤前号比修正矢印・会社予想比マーク）、配当額（⑥配当）、財務情報（⑨財務）が掲載されている。また、株式市場における事項として、株式市場の趨勢（⑩資本移動・株価推移など）⑪株価チャート）、株売買の判断基準（⑫株価指標）にも触れている。これら12の枠組みに沿って『会社四季報』を読み解くと、他企業との比較において違いが容易に把握できる。なお、利用にあたって全項目を確実に捉える必要はない。一部の各項目から企業を理解しつつ、項目を増やしてより正確に企業分析ができるようになってほしい。特に、③の記事や④業績数字から読み始めることを勧める。

<u>図 10-2-1: 四季報の構成</u>

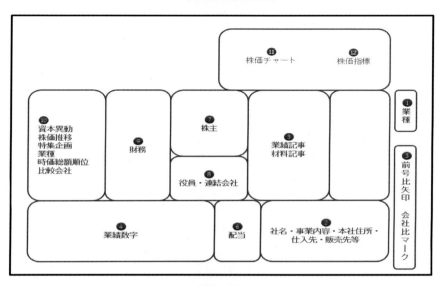

(出所) 会社四季報編集部、2020、p. 19「四季報を 12 ブロックで読み解く」に筆者加筆。

ワーク 1

『会社四季報』からはどのような情報がわかるか。また、皆さんが必要な情報はどんな情報であろうか。200 字から 300 字程度でまとめなさい。

今説明した図 10-2-1 の④の業績数字についてさらに詳しく解説する。この④に記載の数字は、過去の実績・今来期の四季報予想四半期決算・企業の今期予想の順で記載したものである。表 10-2-1 では、前章で学んだ 5 つの利益のうち売上高・営業利益・経常利益・純利益の過去の実績を比較する。また、「予」の記載は四季報の予測の数字である。このように過去の実績との比較と四季報予測を踏まえ、どの企業が如何なる理由で業績予測しているのかを考察し、将来性のある志望企業を探してほしい。

表 10-2-1: 四季報業績の見方

【業績】(百万円)	売上高	営業利益	経常利益	純利益	1株益(円)	1株配(円)
連 19.3	562,764	24,367	50,215	43,648	267.8	170
連 20.3	570,200	31,794	47,299	28,384	174.1	160
連 21.3	530,685	26,478	53,628	26,278	161.2	160
連 22.3	658,829	46,583	57,389	47,479	291.3	250
連 23.3	749,940	48,920	63,892	39,748	243.9	200
連 24.3 予	764,000	50,000	64,500	40,500	248.5	210
連 25.3 予	764,500	52,000	66,500	42,500	260.7	250
連 23.4~9	474,970	35,922	40,721	26,483	162.5	200
連 24.4~9 予	480,000	80,000	80,000	60,000	368.1	300
会 24.3 予	850,000	110,000	110,000	75,000	(23.4.25発表)	

(出所) 東洋経済新報社(2022)『会社四季報』を参考に筆者作成。

上述した『会社四季報』の業績予想を使って「表 10-2-1: 四季報業績の見方」を詳しく解説する。会社四季報編集部編(2020)『得する株をさがせ！会社四季報公式ガイドブック』(東洋経済新報社)によると、約 150 人の業界担当記者が『会社四季報』の業績予測をし、企業の予想業績数字や記事を掲載している(同、p.24)。図 10-2-2④業績数字、及びその拡大版である表 10-2-1 の業績を根拠に図 10-2-2③業績記事・材料記事を予測する。図 10-2-2③前半部は、業績欄で業績予想の根拠となる事業セグメント(業種や所属地域などの構成単位に売上高や利益やその他の財務情報を分別した情報)毎の販売動向と費用を解説している。

図 10-2-2:『会社四季報』の業績キーワードのイメージ図

マイナスイメージ							中立的			プラスイメージ										
【大赤字】	【不透明】	【急落】	【急悪化】	【均衡圏】	【減収減益】	【下降】	【減益】	【微減益】	【横ばい】	【鈍化】	【底入れ】	【微増益】	【増益】	【好調】	【高水準】	【急回復】	【急拡大】	【連続増益】	【続伸】	【飛躍】	【絶好調】	利益が対象	過去実績との比較
【大幅減益】	【ゼロ圏】	【急反発】	【続落】	【赤字続く】		【反落】	【軟調】	【小幅減益】		【伸び悩み】	【下げ止まり】		【小幅増益】	【堅調】	【復調】	【好調】	【V字回復】	【大幅増益】	【急伸】	【最高益】	【連続最高益】		
【減配】	【減配】	【無配】	【無配続く】			【減配も】			【無配も】			【増配も】		【復配】	【記念配】		【復配か】	【増配か】	【連続増配】			配当が対象	
【減益幅拡大】	【下振れ】	【減額】	【下方修正】	【大幅減額】		【一転赤字】		【増益幅縮小】				【減益幅縮小】		【一転黒字】		【大幅増額】	【増額】	【上方修正】	【増益幅拡大】	【独自増額】		利益が対象	四季報前号との比較

(出所) 会社四季報編集部編、2020、p. 29 「業績の見出し」に筆者加筆。

　次に、図10-2-2③前半部記載の業績欄には見出しが存在する。過去の実績との比較を知ることができる。全てを読まずともこの見出しから企業の状態を読み取ることができる。また、図10-2-2③前半部業績欄で利用される直近の業績の傾向を示す言葉をまとめた「業績予想の見出し一覧」である。プラスイメージと中立的、マイナスイメージを中心に左右に寄るほど色が濃くなる。このうち、プラスイメージとマイナスイメージのキーワード、例えば、「一転黒字」「増益幅縮小」などの言葉が書いてあるが、これらの言葉で図10-2-2③前半部の業績欄で直近の業績の傾向が説明される。これらのプラス要素とマイナス要素を理解し企業の将来性を予測する。

　『会社四季報』の見方が分かれば企業の特徴・業績予測からの将来性が理解できるようになる。この情報を使って就職活動時に面接やエントリーシートで聞かれる志望動機の一部を具体的な数字の根拠を元に考えることができるだろう。同じ業界に複数社企業があるのに、自社へなぜ就職希望かを自分の意見をもって語れることになる。

今まで、企業情報を得るための資料となる『会社四季報』、有価証券報告書、そしてアニュアルレポートを説明してきた。そして、『会社四季報』を中心に企業の情報や特に注意する点も説明してきた。企業分析をすることによって、数字という根拠から企業を分析し、業績予測も含めて企業が現在如何なる状態であり、今後何処に向かうのか理解できるだろう。合わせて、自分の興味ある企業とその同業種の比較によって、自分なりの意見や志望動機が出てくるであろう。次のワークを通じて実際に比較をしてみよう。

ワーク2

　ウェブサイト「会社四季報オンライン」（東洋経済新報社、https://shikiho.toyokeizai.net/)を使い、この章で学んだことを含めて、各自興味ある企業を分析し、どのような理由でその企業に入りたいと考えたのかを記入すること。200字から300字でまとめよ。

自分の興味ある企業の分析: 企業名(　　　　　　　　　　)

```
----------------------------------------------
----------------------------------------------
----------------------------------------------
----------------------------------------------
----------------------------------------------
----------------------------------------------
----------------------------------------------
----------------------------------------------
```

引用文献一覧

（日本語文献）

会社四季報編集部編(2020)『得する株をさがせ！会社四季報公式ガイドブック』、東洋経済新報社。

東洋経済新報社編(2022)『就職四季報 総合版 2022 年版』東洋経済新報社。

（ニュース/企業・団体ウェブページ/企業情報検索）

経済産業省中小企業庁編(2021)『「はばたく中小企業・小規模事業者 300 社」・「はばたく商店街 30 選」2021』(2021 年 12 月)、https://www.chusho.meti.go.jp/ keiei/sapoin/monozukuri300sha/zenbun/2020habataku.pdf、（2023 年 7 月 15 日閲覧）。

東洋経済新報社(2021)『会社四季報』(デジタル 2021 秋)、東洋経済新報社。

東洋経済新報社、ウェブサイト「会社四季報オンライン」、https://shikiho.toyokeizai.net/ (2023 年 7 月 18 日閲覧)。

日本経済新聞社『日経会社情報 DIGITAL』(日本経済新聞電子版の企業情報検索コーナーとして)。

ものづくり支援センター大阪 ウェブページ「「大阪の元気！」ものづくり看板企業」、https://www.m-osaka.com/jp/service/takumi.html#search、(2023 年 7 月 15 日閲覧)。

第11章　志望企業の選定Ⅲ

　本章ではワークを通じ、志望企業の選定に当たることで「特定の産業や企業に関心を持つこと」、一歩踏み込んで「そこに勤めたいと思えること」までのプロセスを提供したい。そのため、「東証33業種」を用いて志望業種・企業を絞る訓練を実施する。

1. 東証業種別株価指数33業種

　東証業種別株価指数33業種(東証33業種)(表11-1-1)とは、東京証券取引所の株価指数(東証株価指数TOPIX)を業種別に分類したものである。多くの企業が多角化して事業を複数抱えているため、企業の主事業や祖業で業種の分類がなされている。

表11-1-1：東証33業種

水産・農林業	鉱業	建設業	食料品	繊維製品	パルプ・紙	化学	医薬品	石油・石炭製品
ゴム製品	ガラス・土石製品		鉄鋼	非鉄金属	金属製品	機械	電気機器	輸送用機器
精密機器	その他製品	電気・ガス業	陸運業	海運業	空運業	倉庫・運輸関連業	情報・通信業	卸売業
小売業	銀行業	証券、商品先物取引業	保険業	その他金融業	不動産業	サービス業		

　この東証33業種を利用して業種別に如何なる企業が存在するのか理解に努める。東証33業種と産業分類別(第一次産業、第二次産業、第三次産業)と業種を併記した表を作成する。そしてそれら表への閲覧を通じて業種の産業別区分を明確にし、業種や属する企業の位置付けを際立たせたい。

　「産業別・業種別企業分類」表を作成する際に、日本標準産業分類に沿いながら業種と属する企業分類する。何故ならば、産業別区分の大元となっているColin Grant Clarkの産業分類では、鉱業が第一次産業、そして電気ガス業を第二次産業と分類するが、日本では鉱業を第二次産業に、電気ガス業を第三次産業に分類するからである。

「産業別・業種別企業分類」に当たる表 11-1-2、表 11-1-3、表 11-1-4 の作成手順は、次のとおりである。

① 東証 33 業種を、Colin Grant Clark の産業分類別(第一次産業、第二次産業、第三次産業)から日本の慣例に従い鉱業を第二次産業に、電気・ガス業を第三次産業に分類した(日本標準産業分類に準拠)。

② 東京証券取引所(プライム、スタンダード、グロース、Pro Market)上場 3,954 社(優先株式も含めて二重表記された伊藤園とソフトバンクはそれぞれ 1 社と数える)のうち東証プライム市場上場 1,644 社を主に対象とする(東京証券取引所、2024)。

③ 各々の業種毎に、事業別分類や業界での地位別分類などを用いて「区分」を作成して A)業種の代表的企業、B)学生の皆さんがメディアでよく耳にするであろう銘柄(以下、便宜上、企業と称す)をこの「区分」別に分類し、「上場企業欄」の「企業の抜粋」に証券コード順に記載した(表 11-1-2、表 11-1-3、表 11-1-4 の「企業の抜粋」)。証券コード順に先に出てくる企業が属する「区分」を順に並べた。

> 区分の例(輸送用機器の場合)
> 【自動車】日産自動車、トヨタ自動車、三菱自動車工業、マツダ、本田技研工業、スズキ、SUBARU、の【自動車】が区分である)。

④ ③で述べた区分を概要及び企業リスト内での「区分」に記載した。「区分」作成に当たり、「会社四季報オンライン」の各企業トップページ情報の「特色」、「連結事業」両項目を利用あるいは参考とした。証券コード順に先に出てくる銘柄が属する「区分」を順に並べた。東証プライム市場では業種の構成が限られるため、表 11-1-2、表 11-1-3、表 11-1-4 の「概要」には一部の業種に「その他」と記し、丸括弧内に東証スタンダード市場上場で代表的な企業・よく知られている企業が

属する「区分」をも記した。但し、業種全ての「区分」を表示してはいない。

それでは「産業別・業種別企業分類」に当たる表11-1-2、表11-1-3、表11-1-4を順に見ていく。

表11-1-2: 第一次産業[注1]

東証33業種	概要[注2]	上場企業	
		企業数[注3]	企業の抜粋(区分別でコード順で記載)
水産・農林業	水産業(漁業、養殖業)、農業(農産、畜産)、林業	12	【水産】極洋、ニッスイ、マルハニチロ、【農業】雪国まいたけ、ホクト、【種苗】サカタのタネ

(注) 1. 第一次産業とは、自然を直接的に利用(作物栽培、資源採取など)した産業を指す。 2. 企業の抜粋にて掲載した企業の事業別分類や業界での地位別分類などによる「区分」を掲載。「区分」の掲載順序は、抜粋した企業(銘柄)の証券コード順とする。一部業種では「区分」のうち、企業の抜粋に掲載していない企業の「区分」をも「その他(区分)」として一部記すことで業種の構成の一層の理解を促す。 3. 業種別企業数は、東証全体での企業数(2024年7月末時点)とする。

(出所) 東京証券取引所(2024)「東証上場銘柄一覧」Excelファイル(2024年7月末)、東洋経済新報社、ウェブサイト「会社四季報オンライン」より筆者作成。

表11-1-3: 第二次産業[注1]

東証33業種	概要[注2]	上場企業	
		企業数[注3]	企業の抜粋(区分別にコード順で記載)
鉱業	原油、その他(石炭)	6	【原油】INPEX、石油資源開発
建設業	大手ゼネコン、準大手ゼネコン、マンション、道路舗装、海上土木、住宅、電気設備工事、空調工事、エン	162	【スーパーゼネコン】大成建設、大林組、清水建設、鹿島建設、【準大手ゼネコン】長谷工コーポレーション、戸田建設、熊谷組、五洋建設、【道路舗装】東亜道路工業、日本道路、【海上

(建設業 続き)	ジニアリング			土木】東洋建設、【住宅】住友林業、大和ハウス工業、積水ハウス、【電気設備工事】中電工、関電工、きんでん、九電工、【空調工事】高砂熱学工業、【エンジニアリング】東洋エンジニアリング
食料品	製粉、飼料、精糖、菓子、製パン、洋菓子、米菓、スナック菓子、乳業、チーズ、乳酸系飲料、食肉、ハム・ソーセージ、ビール類、清酒・焼酎、みりん、総合飲料、油脂、しょうゆ、ソース、調味料、食品、マヨネーズ・ドレッシング・たれ、加工品、冷凍食品、即席麺、即席食品、たばこ	125		【製粉】ニップン、日清製粉グループ本社、昭和産業、【飼料】中部飼料、フィード・ワン、【精糖】DM 三井精糖ホールディングス、【菓子】森永製菓、江崎グリコ、明治ホールディングス、【製パン】山崎製パン、【洋菓子】モロゾフ、【米菓】亀田製菓、【スナック菓子】カルビー、【乳業】森永乳業、【チーズ】六甲バター、【乳酸系飲料】ヤクルト本社、【食肉】日本ハム、【ハム・ソーセージ】丸大食品、伊藤ハム米久ホールディングス、【ビール類】サッポロホールディングス、アサヒグループホールディングス、キリンホールディングス、【清酒・焼酎、みりん】宝ホールディングス、【総合飲料】コカ・コーラ ボトラーズジャパンホールディングス、サントリー食品インターナショナル、伊藤園、【油脂】日清オイリオグループ、不二製油グループ本社、【しょうゆ】キッコーマン、【調味料】味の素、【ソース】ブルドックソース、【マヨネーズ・ドレッシング・たれ】キユーピー、【食品】ハウス食品グループ本社、【加工品】カゴメ、【冷凍食品】ニチレイ、【即席麺】東洋水産、日清食品ホールディングス、【即席食品】永谷園ホー

(食料品 続き)			ルディングス、【たばこ】日本たばこ産業
繊維製品	肌着、繊維、合成繊維、カーペット、総合アパレル	49	【肌着】グンゼ、【繊維】東洋紡、ユニチカ、【合成繊維】帝人、東レ、【カーペット】住江織物、【総合アパレル】ワールド、三陽商会、オンワードホールディングス
パルプ・紙	製紙、段ボール、紙袋	25	【製紙】王子ホールディングス、日本製紙、大王製紙、【段ボール】レンゴー、【紙袋】ザ・パック
化学	総合化学、化学、合成樹脂、硝子、ソーダ、シリコン、テープ、トイレタリー、塗料、インキ、化粧品	208	【総合化学】旭化成、住友化学、三菱ケミカルグループ、【化学】UBE、【合成樹脂】クラレ、【ソーダ】東ソー、【硝子】セントラル硝子、【シリコン】トクヤマ、【テープ】ニチバン、【トイレタリー】花王、ライオン、【塗料】日本ペイントホールディングス、関西ペイント、【インキ】DIC、【化粧品】資生堂、マンダム、コーセー
医薬品	製薬、目薬、漢方薬、検査薬、その他(ジェネリック、試薬など)	81	【製薬】武田薬品工業、アステラス製薬、エーザイ、久光製薬、第一三共、大塚ホールディングス、【目薬】ロート製薬、参天製薬、【漢方薬】ツムラ、【検査薬】栄研化学
石油・石炭製品	石油・石炭製品	11	【石炭製品】日本コークス工業、【石油製品】出光興産、ENEOSホールディングス、コスモエネルギーホールディングス、
ゴム製品	ゴム製品	18	【ゴム】横浜ゴム、ブリヂストン、住友ゴム工業
ガラス・土石製品	ガラス、セメント、炭素製品、研削砥石、衛生陶器、ガイシ	54	【ガラス】AGC、日本板硝子、【セメント】住友大阪セメント、太平洋セメント、【炭素製品】東海カーボン、日本カーボン、【研削砥石】ノ

(ガラス・土石製品 続き)			リタケ、【衛生陶器】TOTO、日本特殊陶業、【ガイシ】日本碍子
鉄鋼	高炉、電炉、特殊鋼、ステンレス	42	【高炉】日本製鉄、神戸製鋼所、JFEホールディングス、【電炉】東京製鐵、共英製鋼、【特殊鋼】大同特殊鋼、山陽特殊製鋼、愛知製鋼、【ステンレス】日本冶金工業
非鉄金属	アルミニウム、非鉄金属、亜鉛・鉛、チタン、銅、電線、ケーブル、ダイカスト	34	【アルミニウム】日本軽金属ホールディングス、【非鉄金属】三井金属鉱業、三菱マテリアル、住友金属鉱山、【亜鉛・鉛】東邦亜鉛、【チタン】大阪チタニウムテクノロジーズ、東邦チタニウム、【銅】古河機械金属、【電線】古河電気工業、住友電気工業、フジクラ、【ダイカスト】リョービ
金属製品	缶、石油暖房機器、シャッター、住宅用サッシ、住宅設備、石油給湯器、ガス器具、石油ファンヒーター、ブラインド、その他(足場、カーテンレールなど)	89	【缶】東洋製罐グループホールディングス、【シャッター】三和ホールディングス、文化シヤッター、【住宅用サッシ】三協立山、【住宅設備】LIXIL、【石油暖房機器】ノーリツ、【石油給湯器】長府製作所、【ガス器具】リンナイ、【ブラインド】立川ブラインド工業
機械	建設機械、農業機械、ミシン、釘打ち機、業務用冷凍冷蔵庫、ベアリング、電動工具、造船・舶用機器、重工メーカー、その他(産業用ロボット、食品成形機など)	224	【建設機械】小松製作所、日立建機、【農業機械】井関農機、クボタ、【ミシン】JUKI、ジャノメ、【釘打ち機】マックス、【業務用冷凍冷蔵庫】大和冷機工業、【ベアリング】NTN、【電動工具】マキタ、【造船・舶用機器】日立造船、【重工メーカー】三菱重工業、IHI

電気機器	重電、エレクトロニクス、信号、火災報知設備、AV機器、半導体関連、電子部品、事務機、調理用家電	241	【重電】日立製作所、三菱電機、富士電機、明電舎、【エレクトロニクス】日本電気、富士通、【信号】日本信号、京三製作所、【火災報知設備】能美防災、ホーチキ、【AV機器】ソニーグループ、【半導体関連】ローム、東京エレクトロン、【電子部品】京セラ、村田製作所、【事務機】キヤノン、リコー、【調理用家電】象印マホービン
輸送用機器	フォークリフト、自動車部品、鉄道車輌、自動車、トラック、	88	【フォークリフト】豊田自動織機、【自動車部品】デンソー、アイシン、【鉄道車輌】川崎重工業、日本車輌製造、【自動車】日産自動車、トヨタ自動車、三菱自動車工業、マツダ、本田技研工業、スズキ、SUBARU、【トラック】いすゞ自動車
精密機器	医療機器、分析・計測機器、水道メーター、光学機器、コンタクトレンズ、時計	50	【医療機器】テルモ、ニプロ、【分析・計測機器】島津製作所、【水道メーター】愛知時計電機、【光学機器】ニコン、オリンパス、【コンタクトレンズ】シード、メニコン、【時計】シチズン時計
その他製品	ドア、ベッド、筆記具、玩具、印刷、スポーツ用品、楽器、システムキッチン、事務用品、ゲーム機	106	【ドア】ニホンフラッシュ、【ベッド】フランスベッドホールディングス、【筆記具】パイロットコーポレーション、三菱鉛筆、【玩具】タカラトミー、【印刷】TOPPANホールディングス、大日本印刷、共同印刷、【スポーツ用品】アシックス、美津濃、【楽器】ヤマハ、河合楽器製作所、【システムキッチン】クリナップ、【事務用品】キングジム、コクヨ、【ゲーム機】任天堂

(注) 1. 第二次産業：自然を利用して得たモノを原材料として加工した製品を生産する産業を指す。2. 企

業の抜粋にて掲載した企業の事業別分類や業界での地位別分類などによる「区分」を掲載。「区分」の掲載順序は、抜粋した企業(銘柄)の証券コード順とする。一部業種では「区分」のうち、企業の抜粋に掲載していない企業の「区分」をも「その他(区分)」として一部記すことで業種の構成の一層の理解を促す。3. 業種別企業数は、東証全体での企業数(2024 年 7 月末時点)とする。

(出所) 東京証券取引所(2023)「東証上場銘柄一覧」Excel ファイル(2024 年 7 月末)、東洋経済新報社、ウェブサイト「会社四季報オンライン」より筆者作成。

表 11-1-4: 第三次産業[注1]

東証 33 業種	概要[注2]	企業数[注3]	企業の抜粋(区分別にコード順で記載)
		上場企業	
電気・ガス業	電気、ガス、水	27	【電気】東京電力ホールディングス、中部電力、関西電力、電源開発、【ガス】東京瓦斯、大阪瓦斯、東邦瓦斯、【水】メタウォーター
陸運業	物流一括受託、鉄道、総合物流、宅配便事業、引っ越し、路線トラック、その他(企業物流、タクシー、バスなど)	63	【物流一括受託】SBS ホールディングス、ハマキョウレックス、【鉄道】東急、小田急電鉄、東日本旅客鉄道、西日本旅客鉄道、東海旅客鉄道、近鉄グループホールディングス、阪急阪神ホールディングス、南海電気鉄道、京阪ホールディングス、【総合物流】鴻池運輸、NIPPON EXPRESS ホールディングス、【引っ越し】サカイ引越センター、【宅配便事業】ヤマトホールディングス、SG ホールディングス、【路線トラック】福山通運、セイノーホールディングス
海運業	海運会社	11	【海運】日本郵船、商船三井、川崎汽船
空運業	航空会社	6	【航空会社】日本航空、ANA ホールディングス

81

業種	内容	社数	主な企業
倉庫・運輸関連業	物流センターの一括受託、国際物流、倉庫、埠頭、港湾運輸、その他(総合物流など)	37	【物流センターの一括受託】トランコム、【国際物流】日新、【倉庫】三菱倉庫、三井倉庫ホールディングス、住友倉庫、日本トランスシティ、【埠頭】東洋埠頭、【港湾運輸】上組
情報・通信業	ネットセキュリティ、ゲーム会社、総合研究所、ネットサービス、情報サービス、情報配信、放送、総合通信、通信会社、出版、映画、システム インテグレーション、その他(IT コンサル、アニメーション制作、ソフトウェア開発、ネット広告、ネットマーケティング調査、など)	625	【ネットセキュリティ】デジタルアーツ、トレンドマイクロ、【ゲーム会社】グリー、コーエーテクモホールディングス、ガンホー・オンライン・エンターテイメント、スクウェア・エニックス・ホールディングス、【総合研究所】三菱総合研究所、【情報サービス】大塚商会、【情報配信】ウェザーニューズ、【放送】TBSホールディングス、日本テレビホールディングス、テレビ朝日ホールディングス、テレビ東京ホールディングス、【総合通信】日本電信電話、KDDI、ソフトバンクグループ、【通信会社】ソフトバンク、【出版】KADOKAWA、学研ホールディングス、【映画】松竹、東宝、東映、【システム インテグレーション】NTTデータグループ
卸売業	総合商社、及び食品、日用品、医薬品、繊維、電子・IT、製紙、鉄鋼などを取り扱う専門商社など	310	【食品】伊藤忠食品、【日用品】あらた、【総合商社】双日、伊藤忠商事、丸紅、豊田通商、三井物産、住友商事、三菱商事、【医薬品】アルフレッサ ホールディングス、メディパルホールディングス、【繊維】蝶理、【電子・IT】兼松、【製紙】日本紙パルプ商事、【鉄鋼】神鋼商事、阪和興業
小売業	喫茶店、ドラッグストア、	353	【衣料品】アダストリア、ユナイテッドアロー

(小売業 続き)	衣料品、外食、家電量販店、ホームセンター、百貨店、喫茶店、ドラッグストア、流通グループ、雑貨、ディスカウント店、イオン、その他(古書店、ビジネスソフト販売など)		ズ、【外食】くら寿司、すかいらーくホールディングス、ゼンショーホールディングス、【家電量販店】エディオン、ビックカメラ、【ホームセンター】DCMホールディングス、【百貨店】J.フロント リテイリング、三越伊勢丹ホールディングス、髙島屋、エイチ・ツー・オー リテイリング、【喫茶店】ドトール・日レスホールディングス、【ドラッグストア】マツキヨココカラ&カンパニー、ツルハホールディングス、【流通グループ】セブン&アイ・ホールディングス、【雑貨】良品計画、【ディスカウント店】パン・パシフィック・インターナショナルホールディングス【スーパー】イオン
銀行業	銀行、銀行持ち株会社、信託銀行、地方銀行、ネット銀行、第二地方銀行	79	【銀行】ゆうちょ銀行、【銀行持ち株会社】三菱UFJフィナンシャル・グループ、りそなホールディングス、三井住友フィナンシャルグループ、みずほフィナンシャルグループ、【信託銀行】三井住友トラスト・ホールディングス、【地方銀行】千葉銀行、【ネット銀行】セブン銀行、【第二地方銀行】トモニホールディングス
証券業、先物商品取引業	ベンチャーキャピタル、証券	41	【ベンチャーキャピタル】ジャフコ グループ、【証券】大和証券グループ本社、野村ホールディングス、
保険業	生命保険、損害保険	15	【生命保険】かんぽ生命保険、第一生命ホールディングス 【損害保険】SOMPOホールディングス、

(保険業 続き)			MS&ADインシュランスグループホールディングス、東京海上ホールディングス
その他金融業	クレジットカード、リース、貸借取引業務、消費者金融、信販	40	【クレジットカード】クレディセゾン、【リース】芙蓉総合リース、みずほリース、東京センチュリー、オリックス、三菱HCキャピタル、【貸借取引業務】日本証券金融
不動産業	オフィスビル、マンション、不動産、分譲住宅、空港	158	【オフィスビル】ヒューリック、【マンション】野村不動産ホールディングス、【不動産】東急不動産ホールディングス、三井不動産、三菱地所、住友不動産、【分譲住宅】飯田グループホールディングス、【空港】空港施設、日本空港ビルデング
サービス業	その他上記のカテゴリーに入らないもの全て。例えば、SNS、経営コンサル、人材総合サービス、警備、ネットサービス、広告代理店、清掃用具レンタル、エンタメ・興行会社	564	【SNS】MIXI、【経営コンサル】日本M&Aセンターホールディングス、【人材総合サービス】パソナグループ、パーソルホールディングス、リクルートホールディングス、【警備】綜合警備保障、セコム【ネットサービス】カカクコム、【広告代理店】博報堂ＤＹホールディングス、電通グループ、【清掃用具レンタル】ダスキン、【娯楽施設】ラウンドワン

(注) 1. 第三次産業とは、第一次、第二次産業に属さない産業を指す。2. 企業の抜粋にて掲載した企業の事業別分類や業界での地位別分類などによる「区分」を掲載。「区分」の掲載順序は、抜粋した企業(銘柄)の証券コード順とする。一部業種では「区分」のうち、企業の抜粋に掲載していない企業の「区分」をも「その他(区分)」として一部記すことで業種の構成の一層の理解を促す。3. 業種別企業数は、東証全体での企業数(2024年7月末時点)とする。

(出所) 東京証券取引所(2024)「東証上場銘柄一覧」Excelファイル(2024年7月末)、東洋経済新報社、ウェヴサイト「会社四季報オンライン」より筆者作成。

2．志望産業・企業の選定

あなたが関心を持った業種と企業を明らかにするとともに、あなたの志望先産業や企業の傾向を把握しよう。そのため、次の2つのワークに取り組んでもらう。

ワーク1

あなたの関心度に基づいて、「表ワーク1a：東証33業種を利用した自身の就職先の探し方」の3区分「関心がある」、「分からない」、「関心が無い」のいずれかに、「表ワーク1b：東証33業種」記載の業種名を記載せよ。関心がある業種には最も関心がある企業名をも業種の後に括弧付きで記載せよ(例：水産・農林業[サカタのタネ])。第1節の表11-1-2、表11-1-3、表11-1-4の「企業の抜粋」記載の上場企業の一覧を利用しよう。なお、企業の絞り込みには就職四季報、有価証券報告書、アニュアルレポートを利用して企業研究しよう。

表ワーク1a: 東証33業種を利用した自身の就職先の探し方

関心がある	分からない	関心が無い

表ワーク 1b: 東証 33 業種

(第一次産業)	水産・農林業
(第二次産業)	鉱業　建設業　食料品　繊維製品　パルプ・紙　化学　医薬品　石油・石炭製品　ゴム製品　ガラス・土石製品　鉄鋼　非鉄金属　金属製品　機械　電気機器　輸送用機器　精密機器　その他製品
(第三次産業)	電気・ガス業　陸運業　海運業　空運業　倉庫・運輸関連業　情報・通信業　卸売業　小売業　銀行業　証券、商品先物取引業　保険業　その他金融業　不動産業　サービス業

ワーク 1 の記入例 1

関心がある	分からない	関心が無い
電気・ガス業(関西電力、大阪ガス)　銀行業(りそな銀行)	水産・農林業　輸送用機器　精密機器　その他製品　陸運業　空運業　海運業　倉庫・運輸関連業　情報・通信業　卸売業　小売業　証券、商品先物取引業　保険業　その他金融業　不動産業、サービス	鉱業　建設業　食料品　繊維製品　パルプ・紙　化学　医薬品　石油・石炭製品　ゴム製品　ガラス・土石製品　鉄鋼　非鉄金属　金属製品　機械　電気機器

- インフラ企業
- よく知られている大企業
 →安定、ネームバリュー

- B to B(Business to Business)
- 製造業、特に素材系企業が目につきやすい。

ワーク1の記入例2

関心がある	分からない	関心が無い
<u>パルプ・紙(日本製紙)</u> 強い関心があるわけではない。	水産・農林業　鉱業　建設業　食料品　繊維製品　化学　医薬品　石油・石炭製品　ゴム製品　ガラス・土石製品　鉄鋼　非鉄金属　金属製品　機械　電気機器　輸送用機器　精密機器　その他製品　電気・ガス業　陸運業　海運業　空運業　倉庫・運輸関連業　情報・通信業	卸売業　小売業　銀行業　証券、商品先物取引業　保険業　その他金融業　不動産業　サービス業

　若干の絞り込みでも一歩前進したと捉えよう。33業種のうち、無関心の産業が8つ「も」あり、「わからない」産業も含めて25産業から選択できる、と考えてほしい。

ワーク2

　関心がある業種の傾向について共通の特徴を分析して記載するとともに、何故これらの業種に関心を持ったのか、分かる範囲で回答せよ。

```
----------------------------------------------------------------
----------------------------------------------------------------
----------------------------------------------------------------
----------------------------------------------------------------
----------------------------------------------------------------
----------------------------------------------------------------
----------------------------------------------------------------
----------------------------------------------------------------
```

引用文献一覧

東京証券取引所(2024)「東証上場銘柄一覧」Excel ファイル(2024 年 7 月末)、東京証券取引所ウェブページ「その他統計資料 東証上場銘柄一覧」に掲載、https://www.jpx.co.jp/markets/statistics-equities/misc/01.html、(2024 年 8 月 27 日閲覧)。

東洋経済新報社、ウェブサイト「会社四季報オンライン」、https://shikiho.toyokeizai.net/ (2024 年 8 月 29 日閲覧)。

第12章　キャリア・プラン表の作成

　本章では、就職活動の3段回「ホップ、ステップ、ジャンプ」のステップまでの内容の総まとめとして、キャリア・プラン表の作成に取り組んでもらう。

1．キャリア・プラン表の作成

　これまでの章で理解したあなた自身の情報を踏まえて、学生の本分たる学業やゼミ選びなどのスケジュールに則ったかたちで、あなたが志望する企業から内々定・内定を貰い、入社するための計画を立ててもらう。そのための用意した、キャリア・プラン表の作成を含めた次の3つのワークに取り組もう。

ワーク1

　就きたい職業(決めていない人は想定した職業)、なりたい自分について、200字から300字で説明せよ。

> ワーク2

　就きたい職業(決めていない人は想定した職業)・なりたい自分について、希望を叶えるためには、この大学生活で何をしなくてはいけないのか。大学での取り組みと大学外での取り組みで考えていることを、200字から300字以上で簡潔に記述せよ。(注)いつまでに何をするのか、を意識して記述しよう。

ワーク3

1年生後期以降のキャリア・プランについて、以下のキャリア・プラン表に必要な情報を記入して明確にせよ。

学年		目標	希望累積単位数	履修希望の主な科目	目指す資格/検定試験	その他取り組みたいこと
現在			現単位数 単位			
1年	後期		単位			
2年	前期		単位			
	後期		単位			
3年	前期		単位			
	後期		単位			
4年	前期		単位			
	後期		単位			

第13章　インターンシップ

　就職活動本番に入る前に、企業はインターンシップを実施する。インターンシップとは就業体験を指す。この就業体験を有意義にするために、如何なることに気を付ければよいのか。本章では、インターンシップの見つけ方、心構え、参加するための準備など事例を交えながら説明する。

1. インターンシップとは

　あなたは就職への準備の時点で、インターンシップという言葉に何度も出くわすことであろう。このインターンシップとは何を指すのであろうか。インターンシップを端的に表すならば、「学生が在学中に自らのキャリア形成のために就業体験を行うこと」である。大学教育を所管している2省、そして企業を所管している1省、つまり、文部科学省、厚生労働省、経済産業省は『インターンシップを始めとする学生のキャリア形成支援に係る取組の推進に当たっての基本的考え方』(2022年)において、キャリア形成におけるインターンシップの位置付けを次のように説明している。「大学等におけるインターンシップを始めとする学生のキャリア形成支援に係る産学協働の取組(以下、「キャリア形成支援に係る取組」と呼称)は、大学等での学修と社会での経験を結びつけることで、学修の深化や学習意欲の喚起、職業意識の醸成などにつながるものであり、その教育的効果や学生のインターンシップを始めとするキャリア形成支援における効果が十分に期待できる重要な取組である」(同、p.1)。

　キャリア形成支援として重要な手段となるインターンシップは、「学生のキャリア形成支援に係る産学協働の取組み」の中に四つの類型が存在するが、本章では、一般的なインターンシップについて説明を行う。

　インターンシップを「学生がその仕事に就く能力が自らに備わっているかどうか(自らがその仕事で通用するかどうか)を見極めることを目的に、自らの専攻を含む関心分野や将来のキャリアに関連した就業体験(企業の実務を経験すること)を行う活動

(但し、学生の学修段階に応じて具体的内容は異なる)」と定義された」(文部科学省、厚生労働省、経済産業省、同、p.1)機会であると位置付けている。

　よって、インターンシップを通じ、学生が得るものは次のとおりである。学生が今までに勉強した自分の専門性を自覚し、それをキャリアに結び付けられるようになること、である。また、学生が就業体験をすることによって、仕事のミスマッチを防ぎ、長期的なキャリア形成が望めるのかを考える機会を得ることができることである。これらを得ることを意識づけてのインターンシップ参加がキャリア形成に対して効果的である。

　「キャリア形成の類型と主な特徴」を通じ、二つのタイプのインターンシップについての詳細を見ていくことにしよう。

(1) 汎用的能力・専門活用型インターンシップ

　一つ目には、インターンシップには、「汎用的能力・専門活用型インターンシップ」がある。つまり、学生が3年次になる頃には、各自が培った専門性が行動に現れることを想定している。そこで企業との接点を設けることで学生は職業体験を通じてその職業における日常的に取り組まれる仕事(ルーチンワーク)とのギャップを埋めることが期待される。その前提として、学生にはそれらの仕事を受けるためにある程度の専門性を持っていることが必要である。インターンシップは各社で実施日数を自由に設定できるために、半日や1日、3日、1週間など、企業によって異なる。また、各社が大学との連携で進めるケースも存在する。ただし、時間が短いインターンシップ、例えば、半日や1日では、就業体験で得られるものも限られるため、インターンシップに参加したことに対する評価も限られたものと位置付けられる。せめて1週間以上の就業体験をする必要があるだろう。学生は体験するだけではなく、企業からの簡単な評価などフィードバックを得ることもある。その評価は、日々行われることもあれば、最終日、あるいは後日郵送にて送付されてくることもある。複数社のインターンシップに参加し、就業体験や評価などを通じてその企業や属する産業を理解し、職業選択を容易にしよう。そのためにも、時間のある限り様々な企業のインターンシップに参加して欲しい。

（2）高度専門型インターンシップ

　二つ目は、高度専門型インターンシップと呼称されており、令和4年[2022年]度から開始された、試行段階のインターンシップである。特殊な技能や能力をもった学生に向けて設定された就業体験の機会であり、上述したインターンシップよりも高度な職業体験を行うことで、キャリア形成支援を図る目的がある。なお、就業体験を行い、フィードバックを行うことは一つ目と同じである。職に関するミスマッチを防ぎ、将来のキャリア形成を考えるにあたって不安を払拭し、専門性をさらに伸ばしたいと考えるには、実際に就業体験を行うしかない。以下の事例は学部3年生の時点で明確に将来を考え、不安が解消された結果、日商簿記検定2級を取得するという動機付けが行われ、スムーズに会計事務所での職を選んだ例である。

事例：会計事務所に不安を持っていた学生の事例

　大学2年次に日商簿記検定3級を取得した学生Aは、会計事務所に興味を持ったために、某会計事務所のインターンシップに参加した。当初、学生Aは、会計事務所が堅苦しいところと考えており、また、同検定3級相当の知識で会計事務所のインターンシップに参加することが不安で、当日まで緊張していた。実際のインターンシップでは、事務所概要や業務の説明を受けた後、実際の会計ソフトに触れて仕訳を行った。インターンシップ最終日には、決算書作成を会計事務所の所員から教わるだけではなく、顧客との打ち合わせにも同席した。インターンシップ終了後の学生Aの感想からは、所員が丁寧に仕事を教えてくれ、不安が解消した旨が伝わった。

　インターンシップの成果として、日商簿記検定3級の保有に留まっても同インターンシップへの参加によって仕訳ができるようになった。また、実際の会計事務所の仕事内容や社内の雰囲気も理解することができた。顧客との打ち合わせと同席できたことによって、顧客に経営相談や雑談を行い、社員が顧客と楽しそうに打合せをしている姿を見て、社会の役に立っていると感じた。これらのことから、学生Aはインターンシップに参加してよかったと述べている。

　その後、日商簿記検定2級を取得し、地元の会計事務所に就職を目指して頑張って

いる。現在は税理士を目指して日々試験勉強に努めている。

2. インターンシップ先の見つけ方

　本書では、キャリアに関する基礎知識や考え方を培い、自分を顧み、そして就きたい職業の発見や志望企業の選定などに取り組んできた。おそらくあなたは大体の方向性が決まったであろう。これからはインターンシップ実施先を見つけることにも注力するであろう。中には、インターンシップ実施先の企業をどのように見つければ良いのか悩む学生もいるかもしれない。このため、本節ではインターンシップ実施先の見つけ方について言及する。

　インターンシップ実施先の見つけ方は、主に次の3つを取り上げることができる。①大学就職課からの情報、②企業ホームページからの情報、③就職エージェントからの情報である。

　「①大学就職課からの情報」について、その大学の学生を採用したいと考えている地元の企業からのインターンシップ情報を多く抱えている場合がある。積極的にあなたが所属する大学を採用したい企業であるため、その企業からの当該情報は所属大学の就職課に集まる。このため、大学就職課にまめに顔を出して当該情報の新たなアップデートがないのか、チェックをしてほしい。今までの大学の実績や先輩方の働きによりその大学の学生を積極的に採用したいと思っている企業でもあることから、とても協力的であり、充実したインターンシップも準備し、採用に結びつきやすいであろう。

　「②の企業ホームページからの情報」は、企業ホームページにインターンシップなど求人専用サイトを設け、不特定多数の大学生向けに情報を提供する目的から発信されている。同ホームページからインターンシップに関する情報を取得するのみならず、参加応募もできる。この情報提供方式は、就職希望の企業のインターンシップに行きたいと願っている学生がピンポイントに同インターンシップを探すには都合が良い情報発信でもある。但し、インターンシップ参加の募集開始日やその締め切り日の確認のために、4月以降頻繁に企業のサイトを閲覧して確認しておかないとインターンシップ参加申し込みの機会を逸することになりかねない。

「③就職エージェントからの情報」については、リクナビやマイナビのような就職斡旋会社が設けた就活サイトや各種機会によって得られる情報を指す。最初にあなたの情報を登録した上で、関心ある業界・職種を検索してインターンシップ先を探す方法である。就職エージェントを通じた情報入手を行うメリットは、全国的に業種を超えて募集企業を網羅しているために他企業との差別化や比較が容易な点にある。多くの情報があり、また毎日更新されるため、頻繁にチェックして関心がある企業に応募しよう。

　インターンシップに関する情報の入手とそれによる選択方法がいかなるものであっても、インターンシップには参加すべきである。インターンシップを通じ、将来の社員として好ましい参加者には企業から採用候補者として注目を受けることになり、採用過程で大きな差し障りがなければ『あなた採用することを考えている』と伝えられたり、早期選考プロセスへの参加を促されることがある。その反対に、適切な時期に情報を得ることができずにインターンシップの参加応募の機会を見逃してしまった場合には、そういった fast track の機会を得ることができず、狭き採用試験の道を進むことになるだろう。学生の皆さんには、積極的なインターンシップへの参加を期待したい。

3．インターンシップの形態と参加への心構え

　インターンシップは、①会社説明・セミナー型、②プロジェクト型、③就業型、に分類できる。①会社説明・セミナー型については、主に会社説明などで実施される形態である。大企業では、志望する人数も多く1週間もインターンシップの設定が困難な状況のため、半日や1日で設定する企業が多い。②プロジェクト型では、企業が数週間や1か月の期間を設けて企業が設定したプロジェクトを学生に提示し、仕事を体験しつつ、時としてプロジェクトに取り組むことで就業体験を得るものである。プロジェクトについては、参加学生はグループに分かれ、ディスカッションやディベートを体験してもらうことを目的とする。学生は、協働力や発言力、傾聴力、課題をまとめる力などが必要であり、足りない力を更に養う機会となる。③就業型は、企業先に一定期間所属して同社の業務や企業文化に触れることで就業体験することである。新

卒者採用に対応したインターンシップでは、この3番目の形態が、学生がイメージしやすいだろう。あなたがいずれの形態のインターンシップに申し込み、参加しようとも、実施する企業、そして仕事内容や適性を理解することが必要である。

インターンシップ実施先企業の準備についても、ここで触れることにしよう。学生を受け入れる企業の準備として、企業が③の就業型インターンシップを実施する場合には、学生の席を用意し、仕事内容の適切さ、難易度、先輩社員の選定、スケジュール管理などこれら全てを準備することから時間やコスト面で相当の負担がかかる。また、②のプロジェクト型インターンシップでは、担当グループを作り、クラウドファンディングを使って資金を集め、その過程で得られたコミュニケーション能力や協働、リーダーシップ、プロジェクトの評価を行う。本選考の初段階とも受け取れ、そのまま本選考の次段階へと移るケースもある。

4．企業側の意図

インターンシップ実施企業は、前述したように参加者受け入れの準備を行う。普段は営業部や支店などで配属されている社員がこのために教育係を担当させることがある。いつもであれば各所で仕事に従事する社員を一時的に引き抜いてインターンシップ担当者として従事させることから、本来稼ぐことができる売り上げや利益を放棄し、仕事自体も彼ら・彼女らの配属部署の同僚など小人数で従事することになる。当然のことながら企業側の負担が大きい。また、インターンシップ期間中に、参加学生が問題を起こした場合は、企業が責任を負う。情報流出やケガなどの場合には、企業と学生双方に不利益が生じる恐れがある。例えば、学生がインターンシップ先で企業情報を自分のSNSで流出させたり個人情報を流した場合には、学生による行動によって企業のイメージを損ねることになる。情報を流出した学生の責任ではあっても企業が社会的に責任を負うことになるのである。また、企業が学生を危険な場所(工場でヘルメットを未着用など)で怪我を負わせた場合、企業側が損害賠償責任を負うリスクが生じる。企業はこういったリスクを回避、あるいは減らすために、インターンシップ実施には相当の準備を行なっている。例えば、受け入れ学生の保険加入、マニュアルの作成、担当先輩社員の準備、スケジュール管理や下見、課題の作成などで

ある。また、企業と学生との間でインターンシップ誓約書(契約書)を交わすが、同書類には発生する業務や待遇などを中心に記載されているとともに、リスクについては情報漏洩などに限定して記載し、作成したものを用意する。これらのことから、企業にとっては、インターンシップによる学生受け入れは、相当の負担が強いられるものである。それでも企業がインターンシップを行う理由は様々ある。例えば、人材育成の観点、職場環境の見直しの機会、安全管理体制の見直す機会、インターンシップ参加学生の意見を取り入れた企業の仕事の見直し、教育的観点から将来社会を支える人材となる学生への指導を通じた社員の仕事の意義の再発見とそれによるモチベーション維持・向上、職場雰囲気の改善、離職の防止、優秀な人材の発掘などを目的に学生を受け入れる。企業と学生がお互いに良かったと思えるようなインターンシップとなるためにも、双方が準備と努力をしっかりと行ってほしい。当然、第6章で述べた組織人・社会人として守るべきルールを守らなければならないことは言うまでもない。

　繰り返すが、就職活動の前哨戦とも言えるインターンシップには、企業側の思惑と学生側の思惑が存在する。就職活動にもルールがあるようにインターンシップにもルールが存在する。法令順守や遵法精神で学んだように、企業に迷惑をかけないよう十分な注意が必要である。また、受け入れ企業側も学生に怪我をさせないよう、また安全に十分有意義な時間を過ごしてもらうよう多くの時間に準備をかけて学生を受け入れている。その状況の中で、各自最低限のマナーを守ってほしい。受け入れ先の企業情報や業界を調べることは必須である。また、遅刻、突然のキャンセル、インターンシップ中の携帯電話、メモをとること、スーツ、身だしなみなど社会人になるにあたって最低限必要なことを学べる絶好の機会だと捉えて参加してほしい。

ワーク1

インターンシップ実施企業が置かれる立場を踏まえ、あなたはインターンシップを通して如何なることに気を付けるべきか。また、インターンシップでの遅刻や突然のキャンセルは、企業にどのような影響を与えるのであろうか。200字から300字で整理すること。

引用文献一覧

文部科学省、厚生労働省、経済産業省(2022)『インターンシップを始めとする学生のキャリア形成支援に係る取組の推進に当たっての基本的考え方』(令和4年6月13日一部改正後)、pp.1-11、https://www.mhlw.go.jp/content/11800000/000949684.pdf、(2024年8月29日閲覧)。

第14章　留学生のキャリア・デザイン

　留学生は、母国とは異なる社会事情の国、日本に留学している。このため、大学卒業後のキャリアについて分からない点は多いであろう。本章では留学生の主な進路となる日本における就職や大学院への進学、そして母国での就職についての概要を提示する。それによって、留学生が自らのキャリアを考え進路を選択するきっかけと事前準備について解説する。

1. 留学生のキャリア・デザイン

　留学生が大学卒業後に選択する主な3つの道を詳細に見ていこう。まず、「①日本における就職」の場合は次のとおりである。日本人と同じく就職活動を行うことをお勧めする。このテキストにあるキャリア形成のためにどの職種に興味があり、業界分析を行い、どのような試験があるのか（SPI試験・面接など）きちんと把握し、準備をする必要がある。その際、留学先の大学等の機関（就職課）が、就職ガイダンスや資料などを配布するので積極的に活用することが大切である。

　特に日本の就職活動のルールは複雑である。第3章で述べたとおり、外資系を除く日本企業のうち一般社団法人日本経済団体連合会の『採用選考に関する指針』に則り採用選考活動に時期的な制限を加えた企業が存在する（日本経済団体連合会、2017a）一方で、それらの制限がない企業が存在する。よって、活動開始の時期が見直しをされたり、実は形骸化していて早期選考が始まることもある。最近ではインターンシップが採用社選考の一部として利用されることがある。また一部の企業では、参加者が採用候補者として考慮されて3年生の8月に内々定が出たというケースもある。このため、就職情報は欠かさず入手すべきである。

　大学3年次に編入学する留学生は、次のことに注意しなければならない。あなたの国によっては学校年度(学年暦)が半年ずれていることもあり、4月入学自体に違和感がある学生がいると思う。また、4月に日本の大学に3年次編入すると、日本での生

活に慣れるまでに時間がかかる。ガス・水道・電気などの契約、携帯電話やネット回線の準備、市役所に住民票や健康保険などの申請がある。また、大学の履修ガイダンスや初めての授業など毎日多忙となるであろう。5月の連休辺りで一区切りがつく状態で、上述した3年生のインターンシップが始まってくる。実際に3年次編入の留学生については、自分のペースで良いので参加できるインターンシップが1社でもあれば参加を勧める。その後、本格的に始まる就職活動の準備段階として日本企業での就業体験ができる機会を得よう。そのためには日本の文化に慣れそれに従ってスケジュール管理をすることが大切である。

以上の注意点を踏まえ、このテキスト各章に従って、自己分析や業界分析を早めに行って、自分の納得のいく就職先を見つけよう。

ワーク1

日本での就職を希望する場合、あなたが考慮すべきこと(仕事内容・給料・休日・キャリアなど)は何であろうか。200字から300字でまとめよ。(日本での就職希望者のみ回答。)

次に、留学生が大学卒業後に選択する主な3つの道のうち、「**②日本の大学院への進学**」について説明しよう。大学院は研究をする場のため、主体的な学習ができるとともに研究能力がある人を合格させる。入学試験は各大学院で試験を実施するので、

それぞれの大学院の研究科の大学院生募集要項を調べる必要がある。基本的には、留学生に必要なものは、(A)日本語能力、(B)専門知識の確認（筆記試験で確認を行う）、(C)英語（TOEICなど）、の3つが主な判断材料となる。それを面接で確認する大学院が多い。

まず、(A)について、一部の大学院を除き、大学院では日本語によるコミュニケーションが必須であると考えてほしい。指導教員とコミュニケーションがとれるのか、日本語で修士論文が書けるのかを判断されるので、日本語能力がその水準以上であることを証明するために日本語検定1級（N1）を取得することである。難易度の高い大学院では、N1取得を受験資格にする研究科も多数存在する。また、面接試験では指導教員候補の教授を含めた複数の教員が日本語能力を確認することから、早く準備をする必要がある。

日本語検定試験は年2回実施され、7月と12月の2回開催される。筆者が把握する限り、大学院入試は早いところでは6月から実施される。ある大学院への推薦などは4月から募集が公開されている（提携校など事情は異なる）。応募書類の提出期間や入試日程の大幅な変更の可能性も踏まえ、募集要項を早めに取り寄せることが肝要である。

その他注意すべき点は、日本語検定試験の試験日から合格証明書が届くまでの期間を考慮し、大学院への応募書類締切日を確認してから早めの受験をすることを強く勧めたい。4年生の7月にN1を取得すると合格証明書は8月送付となる。そのため、N1を受験要件とする大学院は受験できなくなり、8月や9月に応募書類を提出し、10月以降の大学院入試からの受験となる。よって、遅くてもN1取得は3年生の12月まででなければ大学院進学の機会を逸するであろう。

次に、(B)の専門知識の確認について説明する。大学院は高度な研究を行うことから、専門的な知識が必要になる。これは、学問分野それぞれの専門によって異なる。一般的に大学院で確認されるのは、学部卒業程度の専門知識である。よって、それぞれの学部での履修科目の勉強に励み、これらの習得に一生懸命努力すべきである。大学の授業は、大学院合格のための授業ではない。学部の科目において、その科目担当教員は一般的な授業を展開し、大学院合格を目的とした授業は行っていない。よって、

各自で市販のテキストなどを使用して、講義で行われなかった専門知識を勉強する必要がある。そして、基礎的な勉強を一通り終えたら、研究計画書を作成すると良い。研究計画書は、大学院入試の応募書類の一つである。研究分野の選択と問題提起、そしてその研究の意義を見出し、先行研究（既存研究）の整理を行い、自分の主張・意見（中心命題・仮説）を提示し、その仮説が如何なる分析枠組で証明されるのか、などを志望大学院が指示する文字数で記述しなければならない。その研究計画書に沿って、受験時の大学院教員との面接が始まる。提出した計画書の質問、また、将来における研究の活かし方などを説明することとなる。繰り返すが、面接の最中に日本語能力、筆記試験で受けた英語の専門試験の能力、そして専門知識を確認されることに注意したい。

次に、(C)英語（TOEICなど）について説明する。文学研究科やその他専門によって、英語が必須でない研究科も存在するが、社会科学系、特に経営学研究科においては、英語よる原著論文が多いことから、英語能力が必要である。また、英語の試験については、**TOEIC**や**TOEFL**など様々な検定試験での代替が存在するが、大学院によって提出するものが違うため、各自確認をする必要がある。また、3年生の終わりには、それぞれの大学院が要求するスコアを取得しなければならないため、不断の努力を要する。

最後に、留学生が所属大学卒業後に選択する主な3つの道で残る1つに当たる「**③出身国における就職**」について言及したい。自国での就職のための情報をネットや友達などから入手し、帰国後すぐに行動に移す必要がある。また、日本以外の海外大学院を希望する者は、大学での指導教授の指示に従ってもらいたい。海外大学院への推薦状などを準備する必要があるため、早めに相談を行うことが重要である。③で留学生が直面する状況は出身国によって様々変わることから、詳細は割愛する。

ワーク2

出身国での就職活動(新卒採用のための募集)はいつ頃から始まり、また、如何なる就職活動のルールが存在するのか。200字から300字で回答せよ。(帰国後就職などを希望する人のみ回答。)

ワーク3

この章で学んだことを振り返り、考えたことを200字から300字で記述せよ。

引用文献一覧

(一般社団法人)日本経済団体連合会(2015a)『採用選考に関する指針』(2015年12月7日改定)、https://www.keidanren.or.jp/policy/2015/112_shishin.pdf、(2024年8月30日閲覧)。

おわりに

　大学院進学ではなく就職活動を選び、活動する多くの学生は、大学卒業後には社会人として初めてフルタイムで働くライフステージへと「移行する期間」である。今までは初等教育では「児童」として、中等教育では「生徒」として学校で教えられたことを学んできた。そして、現在は大学では「学生」として自ら主体的に学ぶ姿勢が問われる高等教育を受けている。学ぶことを本業として多くの時間を費やしてきた立場が、就職活動時から「移行期」に入り、就職後には大きく変わる。

　この「移行期」たる就職活動期に、皆さんは情報を取捨選択し、自分にとって適切と思われる将来を与えくれる選択肢としての企業・団体がどこかを自分の判断で見極めることになる。自分がアクセスした情報の山には、実は自分にとってベストな選択肢はないのかもしれない。また、自分が志望産業・企業・職種・仕事を判断する際の基準がそもそも間違っている可能性もある。人間誰もが全ての選択肢を目の前にしてこれがベストな選択肢である、と選ぶことはできはしない。暗中模索で自分に適したと考えられる選択肢を選ぶか、五里霧中に進路を迷うこともあるだろう。そのような時には、人生の中で同様の選択をしてきた先人である家族・親戚、先生、信頼できる先輩など、様々な人から意見を聞いて、自分の判断基準やそれによって選んだ選択肢が、現在の自分にとっては間違いがないのか確認してほしい。そしてその選択した道に進めるように、準備万端にして突き進んでいってほしい。

　最後に、学生の皆さんの就職活動が希望通りに進むことを願うとともに、この本が皆さんの就職活動の一助とならんことを欲して筆を置きたい。

索 引

【掲載順】50音順、英語のアルファベット順に掲載。

【あ】
アニュアルレポート	67

【い】
インターンシップ	92
（-先の見つけ方）	95
（-参加への心構え）	96

【う】
売上総利益	64

【え】
営業利益	64

【か】
会社四季報	66

【き】
キャリア	6, 8, 9
（-・プラン表）	89, 91

【け】
経常利益	64

【さ】
財務諸表	61
社会	44
（-人基礎力）	39, 40
（-との関わり）	45
就職スケジュール表	26
就職までの流れ	25
信義誠実の原則(信義則)	56
新規大卒就職者の離職率	12

【せ】
税引前当期純利益	64

【そ】
組織社会化	50

【た】

貸借対照表	61, 62

【と】

当期純利益	51
東証業種別株価指33業種(東証33業種)	74

【ゆ】

有価証券報告書	66

【り】

留学生	100
(-のキャリア・デザイン)	100
(-の大学院進学)	101
(-の日本における就職)	89
(-の出身国における就職)	103

【S】

SNS	52, 55

【F】

Frey and Osborne	19, 21
(-アメリカの職業)	19
(-日本の職業)	21

筆者紹介

森田 聡 （もりた　さとし）北陸大学経済経営学部 准教授

下畑 浩二 (しもはた こうじ) 相愛大学人文学部 准教授

大学生のためのキャリア・デザイン

2024年 9月 6日　　初版発行

著　者　森田　聡・下畑　浩二

発行所　　株式会社　三恵社
〒462-0056　愛知県名古屋市北区中丸町2-24-1
TEL 052(915)5211
FAX 052(915)5019
URL http://www.sankeisha.com

乱丁・落丁の場合はお取替えいたします。
ISBN978-4-8244-0018-5